AF358781

BITLLET DE TORNADA

BILLETE DE VUELTA

ExLibric

CRISTINA PURROY

BITLLET DE TORNADA
BILLETE DE VUELTA

EXLIBRIC

ANTEQUERA 2022

BITLLET DE TORNADA-BILLETE DE VUELTA
© Cristina Purroy
© de la traducción al castellano: Maria Àngels Claramunt Armengau
© de la imagen de cubiertas: Gerard Brunet Cabré
Diseño de portada: Gerard Brunet Cabré / Dpto. de Diseño Gráfico Exlibric

Iª edición

© ExLibric, 2022.

Editado por: ExLibric
c/ Cueva de Viera, 2, Local 3
Centro Negocios CADI
29200 Antequera (Málaga)
Teléfono: 952 70 60 04
Fax: 952 84 55 03
Correo electrónico: exlibric@exlibric.com
Internet: www.exlibric.com

ISBN: 978-84-19520-25-8
Depósito Legal: MA 1629-2022

Nota de la editorial: ExLibric pertenece a Innovación y Cualificación S. L.

CRISTINA PURROY

BITLLET DE TORNADA
BILLETE DE VUELTA

Índex

Salut

Mitjans de març i començàvem a viure l'excepció que es convertiria en hàbit, el desafiament que tots esperàvem superar. Hi havia dies que em despertava de mal humor, o cansada i sense saber per què, a qui culpar o amb qui enfadar-me. O potser sí, potser li tocava a qui presidia el moment, el rei que acaparava tota l'atenció mundial: el virus que havíem coronat.

Era dur tot el que comportava, estar en un punt mort envoltats d'incertesa, sense saber què vindria i què esperar. La tensió entre els ciutadans augmentava simultàniament a les xifres d'infectats. Primer només semblava una grip comú, i els missatges tranquil·litzadors feien que miréssim cap a un altre cantó, restant importància a la situació. Havia arribat una malaltia que ens portava molts interrogants, molta feina als hospitals i molt poques respostes. L'esperança trontollava i la mirada dels professionals transmetia cada vegada més temor.

Com es tira endavant? Ningú es pot preparar pel que no entén. Els que ens quedàvem a casa comptàvem amb la «sort» de sentir la falsa seguretat d'estar protegits i semblava que no tinguéssim dret a queixar-nos, tot i estar convivint amb sentiments de frustració al saber que havies d'estar alerta, fos com fos, per tal d'evitar necessitar atenció mèdica. Hi havia la possibilitat que no et poguessin atendre per *sobreocupació* . Era frustrant descobrir el concepte d' «hospitals col·lapsats», imaginar-se en el pitjor dels casos i adonar-se que poc hi havia a fer si no hi havia lloc per ser atès. També era frustrant pensar que havia arribat el virus a les nostres terres sense que ningú abans hi hagués pogut posar remei, com podia ser que aquell virus xinès que acaparava els telenotícies d'arreu ens deixés aïllats a casa sense que res ni ningú el pogués aturar i s'anés colant per tots els racons del món? Com no havíem pogut evitar la catàstrofe?

Predestinats a acabar dins del recompte d'infectats, la por era palpable, quan et despertaves amb mal de gola, des d'un primer moment ja et col·lapsaves pensant que el virus maleït et devia haver atrapat. Malestar, mareig, suor freda, mal d'ossos, cansament... Pensar que el mínim símptoma que experimentessis a partir d'aquell març es podia convertir en un nou cas si no t'espantava et generava sentiments de culpa: culpable d'haver-lo agafat, culpable d'escampar-lo, culpable de contaminar gent estimada i vulnerable, i no poder fer res per aturar-ho, culpable de no haver estar més curosa. Tot aquest atabalament em causava un maldecap tan gran que feia que registrés un símptoma més a la llista, i m'angoixés més encara, si això era possible.

I finalment, quan em va atrapar, ho vaig passar com una grip més, com un reclam de descans que em demanava el cos. L'histerisme que havia anat cultivant durant aquell primer any de convivència amb el virus només havia servit per col·leccionar testos negatius i neguit, viure sota el lema de «mans, distància i mascareta» afectava psíquicament més del que podíem preveure. El cúmul d'emocions que generava el COVID es va fer latent de forma accelerada i contundent, tot el garbuix mental que suposava la situació excepcional que vivíem era tan gran que havies de tenir el cap molt serè o ser un mestre zen per saber com portar tot el que envoltava la pandèmia.

El judici ens acompanyava, tenir el COVID implicava que et consideressin un empestat. Ja podies comptar amb possibles xiuxiuejos acusadors, o mirades inquisidores i de desaprovació que mostraven el veritable temor a ser els següents, quan realment no tenia res a veure amb nosaltres, malauradament no existia una llista de bons i dolents que marcava qui era més propens a agafar-lo, no hi havia escapatòria, tots estàvem condemnats.

I així va néixer una enveja insana a allò que els altres tenien i tu anhelaves: enveja dels sans, d'aquells no confinats encara, del país que controlava millor els infectats, dels que podien sortir de casa, dels que podien campar en llibertat, dels que més endavant van prescindir de toc de queda, es tenia enveja del qui falsificava un certificat, del qui tenia els nassos de saltar-se les noves lleis imposades pels governs per aturar el virus, es tenia enveja de la vida d'abans i no es veia gens clar que tornés mai. Enveja o ràbia, què era realment?

La tranquil·litat que venia a desfer, en part, tantes emocions negatives va arribar a petites dosis, de la mà de les vacunes. Qui es podia esperar que aquell bé tan preuat portaria controvèrsies tan extremes, baralles familiars, bàndols irreconciliables i descon-fiança. Opinions diametralment oposades que segueixen generant inseguretats, temors o fe que, per fi, tot surti bé, i volent creure que la situació està controlada, que no se'ns en torni a anar de les **mans.**

Mans

Tocar un microbi, per mínim que fos, que pogués deixar la porta oberta al virus s'havia convertit en una obsessió; no tocar res sospitós, evitar el contacte directe amb superfícies i amb altres persones. De sobte, el que mai t'havia preocupat ara et podia crear una angoixa descomunal, feia fàstic imaginar-se que el que estaves tocant podia haver estat en mans d'una altra persona, potser infectada. I no diguem bufar les espelmes damunt d'un pastís, et feien adonar que podies estar contaminant el dolç amb mil microorganismes perjudicials. Tot aquest patiment arrel de la por al contagi es reflectia en les disfresses que la gent es muntava intentant reproduir d'alguna manera els EPIS per sentir-se més segurs quan no tenien més remei que sortir al carrer les primeres setmanes, allí es demostrava qui tenia veritable enginy i qui estava totalment desorientat. En tot cas, ambdós deixaven imatges memorables per a la prosperitat, des de màscares fetes amb garrafes d'aigua fins a cartons simulant una disfressa d'avió per assegurar la distància de seguretat.

Així doncs, l'únic remei més o menys fiable per no tocar res sospitós eren els guants, que fent-nos sentir més lluny del virus es van convertir ràpidament en un objecte indispensable, altament sol·licitat i per tant, difícil de trobar: es van exhaurir en tot el planeta. Fins i tot, ens reenviàvem vídeos de com treure'ns els ja famosos guants de làtex sense contaminar-nos. Recaptant guants d'allí on podíem com a l'entrada dels supermercats, vam anar proveint-nos de proteccions i ens sentíem com cirurgians sortint d'una llarga operació arribant a casa, esgotats i traient-nos-els seguint instruccions complexes.

Ens vam anar conscienciant de la necessitat d'allunyar-nos del virus, de tot el risc possible i amb això, amb l'arribada d'aquesta obsessió pel distanciament, totalment comprensible, havíem de dir adéu a tot el contacte humà. En aquell moment de debilitat, de trobar a faltar una carícia, una abraçada, o els innocents dos petons que podien caracteritzar qualsevol trobada, em topava amb la mirada de la meva gossa, el meu consol, el moment on podia sentir-me propera, trobar-li el sentit al tacte sense cap tipus de barrera. Els antagonistes de l'aïllament, els peluts de casa, acompanyants incondicionals de la nostra, ja característica, soledat. Quin plaer poder tocar i sentir, retornar al contacte pell amb pell adaptat a aquests nous temps, creant un vincle amb els animals, considerats un membre més de la família, que ajudaven a suportar la situació.

No recordo quan va canviar, o quan es va decidir que els guants no eren una bona solució per allunyar-nos del virus, que ens creaven una falsa idea de protecció, que no eren útils i que era molt millor i segur l'hidrogel acompanyat d'una rutina de rentat de mans. Allí tot va canviar, sobretot per les nostres mans degut al repetit ús d'aquell líquid llefiscós d'olors tan característiques però alhora diferents fins a un punt repugnants que feia que les nostres mans quedessin cada cop més blanques, amb més pelletes, amb una sensació de mal, per la sequedat que produïa el seu ús continu.

Fins a dia d'avui, que ja ens hi hem adaptat i hem aconseguit recuperar les nostres mans gràcies a profundes hidratacions, encara ens queden recordatoris advertint-nos que tot això no ha acabat, en format de botelleta d'hidrogel que guardem a la bossa de mà, o d'estructures dispensadores muntades a l'entrada de qualsevol comerç acompanyades usualment d'un treballador que com un guàrdia s'encarrega de recordar-te que t'has de posar necessàriament aquell líquid abans d' entrar.

Les mans, aquesta part del cos que ens acosta a l'altre, que ens fa percebre el món a través del tacte, quedaven inhabilitades per a un dels seus rols més humans i era estrany perquè la resta del nostre cos seguia exposat directament al virus, i s'instaurava per quedar-se, la **distància**.

Distància

Fa uns anys rèiem davant la idea que pogués passar una desgràcia que aturés o acabés amb el món tal com el coneixíem. Els més creatius escrivien llibres o rodaven pel·lícules sobre aquesta hipòtesi que consideràvem tan improbable. I ara, que hem sentit la fi més propera que mai, veient aquell març passat com un mes apocalíptic i havent-ho pogut superar, em plantejo què m'agradaria estar fent quan arribés aquesta suposada fi del món.

La meva resposta abans que passés tot ja anava enfocada al *carpe diem*, però ara, després de tot, ho reafirmo amb més força. Si la fi del món arribés, no m'agradaria que m'agafés en horari laboral, ni estudiant, m'agradaria estar relaxada, en el meu temps lliure i... «¡que nos quiten lo bailao!».

El temps d'oci, aleshores, si li haguéssim pogut posar un preu, seria similar al de l'or: la demanda era elevadíssima però les possibilitats, escasses. Temps lliure i companyia són per a mi dos conceptes estretament lligats. La llibertat del temps l'uso per compartir-lo amb amics, família o parella, m'agrada desconnectar entre converses que comencen com una innocent «posada al dia» i acaben derivant a suposicions místiques sobre què hem vingut a fer en aquest món o si hi ha vida a Mart. El que ens acompanyava llavors eren restriccions i més restriccions, no sortíem d'una que ja es dissenyava la propera amb una única finalitat: la distància. Fem un cafè? Una cervesa? L'acte més banal era considerat una bogeria. Apropar-nos a l'altra gent, per desconnectar i carregar piles, s'havia convertit en un focus perillós a evitar, quan és tan necessari.

Es diu que la meitat de rebrots els causa les trobades amb familiars i amics, així que per lògica, des del primer moment en què vam veure els primers indicis de llibertat i tothom tenia la gran necessitat de retrobaments, es van establir un seguit de normes que ens van acompanyar un temps ben llarg per posar a ratlla el temps d'oci. Primer les trobades eren a l'aire lliure. En aquell moment, a la majoria de gent li aterrava exposar-se al virus en una terrassa d'un bar, i si més no, la meitat de negocis seguien esperant que tot millorés per treure els empleats de l'ERTO i arrancar altra vegada. Després de reclamar des de fa mesos que els restaurants i bars obrissin fins més tard, està clar que el tancament a mitja tarda dels establiments havia sigut una jugada en contra de la vida social en tota regla.

Però quan semblava que veiéssim el primer raig de llum enmig de la tempesta van jugar la carta dels límits: entre grups d'amics, d'horaris, de grups bombolla, en fi, de vida compartida, tornant a aquell estiu estrany on si eres l'afortunat que tenia una colla ben nombrosa, havies de fer selecció de candidats per veure qui serien els sis a qui els tocaria la ruleta de poder sortir de casa i fer la quedada. Ben ràpid van aparèixer mil acudits a les xarxes rient-se del què seria del setè membre del grup d'amics, i és clar, això, amb els mil rebrots que han anat caracteritzant tota l'evolució de la pandèmia, ha fet que els límits arribessin fins al punt d'establir la necessitat de crear subgrups, ja fos per compartir cotxe o per anar a dinar, ja que existia l' obligació de separar-nos en dues taules si el grup era major de quatre, i crear així una comunicació que ens feia reviure el joc del telèfon on la informació que es deia a una taula arribava tergiversada a l'altra.

Com porto pensant des que el covid-19 va arribar inesperadament a les nostres vides, el concepte d'adaptar-se o quedar-se enrere s'ha instaurat com a filosofia de vida i és que, en èpoques difícils es veu quines amistats són les veritables, les que es mantenen vives després d'una etapa canviant, com quan et trenquen el cor per primera vegada i sents quines són les amistats que et recolzen i estan al teu costat quan et sents més sola, les que valen or, en temps de pandèmia i de post-pandèmia. Així és com m'he sentit durant aquest període, he perdut amistats, el contacte d'alguns amics que pensava que serien de llarga durada però que en la distància inevitable s'han tornat efímers. També he fet noves amistats, n'he reforçat d'altres, i les he valorat molt més. Ha sigut molt bonica la sensació viscuda, tornant d'una d'aquestes quedades difícils, per no dir quasi impossibles, on ens havíem trencat el cap per no incomplir cap norma i no exposar-nos al risc, amb diversos missatges al mòbil dient-nos gràcies pel grup per haver passat una bona estona compartida, per haver rigut i haver tingut un temps d'oci de qualitat. Es creava un ambient especial que feia que encara volguéssim repetir amb més ganes aquesta odissea d'emocions de forma conjunta perquè encara que sembli difícil de creure, endinsada al segle XXI, no soc capaç de substituir el directe, no té el mateix impacte una pantalla que una cara, encara que estigui tapada per una **mascareta.**

Mascareta

En una època on les salutacions i les retrobades estaven censurades per una mascareta i el distanciament, només ens quedava donar-nos la benvinguda a través d'uns ulls ametllats que insinuaven un somriure. La fesomia canvia molt amb mascareta o sense. Fa un temps feien un programa a la televisió en el qual tapaven una part del cos d'una persona i havies d'endevinar com era. Per exemple, tapaven les cames i havies d'endevinar si eren alts o baixos, si estaven damunt d'un tamboret o no. Doncs llavors passava una cosa similar, quan coneixies una persona, havies d'intuir com continuava el seu rostre des del punt del nas que quedava embolcallat. Ens vam convertir tots una mica en actors, havíem de fer unes expressions molt més exagerades perquè el nostre interlocutor ens entengués dins de la comunicació no verbal que ens acompanyava en el dia a dia. La famosa mascareta, la nostra aliada o el nostre pitjor enemic, la causant d'un acne terrible que mil tutorials especialitzats ens han ajudat a minimitzar o el nou accessori de «moda», de totes les formes i colors possibles, que trobàvem a cada botiga que s'havia pogut mantenir oberta.

En un primer moment només els que consideràvem més exagerats la portaven, i les autoritats deien que no calia. Quan la situació estava empitjorant per moments, quasi ni els professionals podien permetre's canviar-se-la cada dia. Fins i tot fa uns anys, quan la vèiem pel carrer perquè la portava algun estranger, miràvem de reüll i amb veu baixa comentàvem la raresa de la situació. Aleshores va arribar a passar el contrari, quan es veia una persona pel carrer sense, tothom es girava, mirava estrany i l'arribaven a renyar per insolidària. A l'estiu molestava molt, ens feia calor. Portàvem poc temps podent sortir de casa. Els que no ens dedicàvem a les feines essencials i havíem estat en ERTO, a l'atur o teletreballant, no estàvem acostumats a portar-la més d'una hora per anar al supermercat, i maleíem aquell indignant accessori que ens obligaven a portar cada vegada que no estàvem dins de casa o entaulats al restaurant, amb la nostra bombolla. I no ens la sabíem posar bé, o no volíem posar-nos-la bé, era incòmoda, ens la descuidàvem i en definitiva, era un maldecap. A l'hivern, amb el fred i amb el nas abrigat, ens hi vam acostumar, ja feia temps que durava la cosa i com que no donaven senyals que traurien l' obligatorietat en breu, ens vam anar comprant més accessoris que complementaven la mascareta: uns fils que podien semblar joies i collars, que evitaven la seva pèrdua quan te la treies, o com una mena de plàstics que enganxaven els dos fils i així no et feien mal les orelles, que feien que, en definitiva, fos més còmoda l' experiència d'haver de portar tot el dia la boca tapada.

Molta gent va aprofitar aquesta situació i li va donar la volta, així que, la mascareta no només es va convertir en un complement vital i necessari per evitar possibles contagis o per evitar una possible multa, sinó que ens va ajudar a molts a tapar totes aquelles inseguretats que no volíem mostrar. De fet, fa poc vaig llegir que havien augmentat les cirurgies i retocs estètics postconfinament, i és clar, tenint la meravellosa aliada que podia ocultar diversos tractaments de millora que ens puguem fer, per què no? Només havent de mostrar els ulls, la mascareta pot fer la funció perfecta de cortina, ocultant allò que està en obres, com si fóssim un edifici en reformes, que vol estar relluent quan es pugui tornar a mostrar al públic.

La importància dels ulls va augmentar. Pel carrer ens fixem en les mirades, quan estem amb els amics també, ens hem tornat més còmplices, més observadors, quan et fan cobrir la meitat de la teva cara, la part que queda destapada es fa valorar més. Tot i això, suposo que també hi ha una part negativa en aquesta història que ens ha tocat viure: no m'imagino el que deu ser estar en un hospital on l'únic que pots veure de les altres persones, que poden entrar a cuidar-te, són els ulls, mirades que identifiques a noms escrits a l'EPI o a la targeta del sanitari que t'està atenent, o haver d'anar a treballar en un torn de no sé quantes hores, respirant a través de dues mascaretes, o transmetre a viva veu, cridant a través d'un filtre, uns coneixements a joves, adolescents i nens que viuen una realitat que els costa d'entendre, tot i estar constantment **connectats**.

Connectats

Encara sort que una de les pandèmies més contundents que ha marcat la història, la que portem vivint des del 2020, ha passat en ple segle XXI. ¿Com hauria sigut experimentar l'estar a casa, el saber què està passant, els anuncis del *procicat* i la distància col·lectiva, sense l'existència de l'era digital?

Sort de tenir internet a casa i connexió, si no sí que haguéssim viscut un veritable aïllament, una experiència digna de *Gran Hermano*. Viure tota aquesta peripècia anomenada pandèmia el 1918, per exemple, com els pobres que els va tocar viure la grip espanyola, una situació que si ens ho poguessin explicar els afectats, ens sonaria d'allò més familiar, a hores d'ara.

No passaven ni 24 hores des que anunciaven el tancament perimetral i el confinament total que tots els nostres coneguts «creadors de contingut», és a dir, *influencers*, començaven a viure el que va ser la seva millor època laboral, una pujada exponencial de seguidors disposats a gaudir de tot el seu contingut a tothora, la gent necessitava entreteniment i ells, sense poder sortir de casa, només ens podien donar el que demanàvem. Els famosos, les *celebrities*, aquells que semblaven inabastables estaven vivint el mateix que nosaltres, i molts actuaven com nosaltres, sense poder fer viatges, teletreballant, sense sortir de casa,... El més curiós i fantàstic va venir quan la cosa s'anava allargant, i fossis qui fossis i et dediquessis al que et dediquessis, aquell període va ser com un concurs de talents on tothom tenia oportunitat de brillar. Les xarxes socials explotaven amb mil vídeos, directes, videoconferències o el que fos amb la gent compartint el que sabia fer... o el que no. No era normal, i ho va acabar sent, que es creessin reptes on tot el món s'unís a participar. Grans professionals com xefs d'*estrella* Michelin, cantants internacionals de pop, els millors psicòlegs del país gravant vídeos des de casa seva i creant contingut gratuït per a tots nosaltres perquè passéssim una bona estona, aprenguéssim, riguéssim, o ens emocionéssim, quina gran joia haver-ho pogut viure en primera persona, quantes ganes de crear situacions positives dins d'un estat d'alarma mundial.

Va ser el temps perfecte per treure-li suc a l'era de la informació, havia arribat l'hora de descobrir totes aquelles aplicacions que teníem a l'abast però no els hi havíem prestat prou atenció, per falta de temps o de ganes o per desconeixença, per conèixer gent, provar trucs, descobrir tendències, seguir una coreografia... Coses que mai t'hauries imaginat que faries a través d'una pantalla, però bé, en la situació com la que ens trobàvem, era el mínim que es podia fer per adaptar-se a al moment surrealista que estàvem vivint. A mi em va agradar sentir-me propera a tota aquesta gent que sembla que coneguis de tota la vida però que no els has vist mai, també sentir-me propera a la gent que sí que coneixia i s'animava a penjar el seu dia a dia. Les xarxes socials van saber pescar efectes socialment positius que van animar i apropar a la gent quan més aïllats i sols ens podíem sentir, com en el cas de la infermera que es va fer viral per ser l'encarregada de posar en contacte a familiars que es trobaven hospitalitzats amb els de casa a través de la pantalla del mòbil.

Ja ho diuen que l'avorriment és una font de creativitat, i només faltava viure l'extrem d'una pandèmia mundial per poder-ho corroborar. Després de l'explosió de contingut que es va viure en aquells mesos, han sortit coses increïbles que hem pogut continuar gaudint postconfinament, molts de llibres van ser escrits, molta nova música va ser creada, nous projectes i exposicions que segur que si mentre ho vivíem ja ens impactaven, d'aquí uns anys serà al·lucinant. D'alguna manera tots, tancats, irònicament ens sentíem lliures de crear el que fos. El que fa el temps que, quan en tenim, som, o ens creiem, capaços de tot. I quan no en tenim, potser ens oblidem de l'essencial. Entristeix pensar que tota la creació de contingut ha disminuït quan hem tornat a reactivar les nostres vides perquè la gent està massa ocupada. I encara ara, quan agafo el mòbil, recordo l'emoció que sentia de tenir tant temps per a l'entreteniment, tenir el temps per poder anar tatxant tot el llistat de sèries i pel·lícules per veure, a la carta, les ganes d'apuntar-me a diferents cursos en línia, fins i tot aquells que asseguraven un nou estil de vida i requerien treure la pols dels **xandalls**.

Xandalls

El nou *outfit* de moda, roba d'estar per casa, roba còmoda tipus xandall per acompanyar-nos en jornades de poca activitat física. Un dia més, em llevava tard perquè m'havia costat adormir-me la nit anterior. Estava acostumada a un ritme de vida molt actiu, a treballar vuit hores dreta, sense parar de bellugar amunt i avall, a anar caminant a tot arreu, fer més de deu mil passes diàries i anar al gimnàs. Però davant la situació pensava: «Per dos setmanes de descans no em passarà res». Jo, que he sigut una persona que no m'he caracteritzat mai precisament per ser molt esportiva, em costava molt poc escarxofar-me i abandonar-me al descans absolut, i em vaig trobar en un sedentarisme al qual el meu cos s'hi va adaptar massa fàcilment. Tot anava bé, el meu pla de descans absolut s'estava complint a la perfecció fins que un dia el meu cos, demanant ajuda, va dir prou de forma extremadament dolorosa: mitjançant les cervicals. Veia les estrelles, cada cop que em volia aixecar o fer el mínim moviment em sentia com si tingués vuitanta anys i el pes de la vida se m'acumulés a aquella zona del cos. Després de diversos massatges amb crema terapèutica i cataplasmes que actuen directament al dolor, més força medicament, vaig veure que el meu nou estil de vida adoptat recentment havia de canviar radicalment.

El que recomanaven per les xarxes i els entesos de la salut era clar: esport, exercici, moviment. Exericici adaptat a ser realitzat en espais interiors reduïts, a la llar, amb botelles d'aigua com a recurs per fer peses si és que no disposaves de material esportiu adequat, o una catifa per substituir l'estora per fer els estiraments pertinents. El *gym virtual* començava a estar de moda, i la gent es dividia en dos grups molt diferenciats, els sedentaris, com jo, buscant qualsevol excusa per ajornar el que requeria una mica d'exercici o els que van aprofitar la quarantena per posar-se més en forma que mai, mentalment i física. Em costava entendre l'altre grup, amb tantes preocupacions que m'ennuvolaven la ment, com havia de fer encara més del que el meu cos pensava que podia aguantar?

Els dies, les setmanes van anar passant i veient els problemes que em causava la meva nova vida més sedentària, la qual m'implicava un cansament profund només de pujar les escales més de dos cops al dia, vaig decidir posar-hi remei, endinsar-me al món de l'esport. I em vaig sentir orgullosa de fer servir correctament la roba d'esport que s'havia convertit en el meu uniforme des del 13 de març, aquelles peces de roba es posarien a fer la funció per la qual havien estat dissenyades: l'activitat física. Encara que va ser dur emprendre els primers dies d'acció, m'obligava a fer uns quinze minuts diaris. No era l'ideal, ni molt menys, però a poc a poc i bona lletra, es va anar convertint en un hàbit. Per ser l'antítesi de la paraula atleta, no estava pas malament.

I amb mi, eren milions més de visites diàries que seguíem el mateix vídeo de *youtube* exercitant-nos, i reconec que ajudava, sobretot per poder fer baixar tot els efectes secundaris de la pujada exponencial del consum de **farina**.

Farina

Primer va ser el paper higiènic, després la farina, el llevat, la mantega... Mai havia vist, ni sentit, el que passava als supermercats, *Twitter* ple de fotografies que alarmaven que els prestatges s'estaven quedant buits i cues gegants similars als d'un concert que feien sentir la histèria de la gent davant una situació tan inversemblant com la que s'estava desencadenant. Ara, després d'un temps transcorregut, intento tornar al pensament que podia tenir a la prepandèmia, i em pregunto quina bogeria és que de sobte la gent tingui aquest desfici pels supermercats, sembla cosa d'una sèrie de Netflix, supermercats sense abastiment? Gent fent cua per entrar? Recordo esperar amb emoció i il·lusió el meu pare, dels pocs de casa que sortia en aquell obscur març, perquè, per una banda, ens expliqués amb detall com havia sigut l'aventura d'anar al supermercat i per l'altra, portés les *delicatessens* que li demanàvem a la llista, emocionant? I tant! Durant la sortida ell havia tingut contacte amb gent, cosa que nosaltres no. Feia setmanes que només ens relacionàvem amb cares ben conegudes, les de casa, el preuat nucli familiar. I és que per molt increïble que semblés en un principi, quan ho expliquem com un record llunyà, les sortides al supermercat eren un cúmul d'emocions, i fins i tot, un ritual. Primer de tot, l'explicació, a qui has vist? Com anava la gent? Els primers dies hi havia cua, molta gent i silenci, era tot molt estrany. No estàvem acostumats a portar mascareta, primer era obligatori posar-se guants, després ja no, tothom anava perdut, i les pobres dependentes espantades. En un moment de crisi on ni en els hospitals podien aconseguir el material necessari, les caixeres i dependentes dels supermercats es tornaven de les persones més rellevants i vulnerables ja que havien d'estar exposades a tot, a tothom i especialment, al creador de tota la situació: al virus.

Després arribava el moment de la desinfecció, on ens posàvem tota la família en cadena a netejar tots els productes que havíem de guardar al rebost de casa, un ensabonava, l'altre esbandia, l'altre eixugava i l'últim guardava els productes al seu lloc. Sort que a casa som cinc i que el sistema de treball en cadena anava rodat. Com ha canviat tot, no recordo el moment en què vam relaxar-nos i deixar de banda el ritual de desinfectar les provisions.

Ara bé, tota aquesta aventura sembla divertida però en aquell moment no podíem evitar sentir una frustració enorme quan remenant les bosses no hi trobaves allò que havies estat esperant amb ànsia per falta d'abastiment al supermercat. De cop semblava que les ganes de dolç i sobretot, de cuinar, despertaven a gairebé tota la població, i a mi, que des de ben petita m'havia agradat cuinar i ho havia convertit en el que ara segueix sent la meva professió, m'emocionava saber que l'amor cap a la rebosteria en una situació d'alarma s'estenia a marxes forçades. Sempre s'ha relacionat el dolç amb la celebració, la festa i potser era el que molta gent necessitava en aquell moment, una mica d'alegria i fer veure que tot era normal, compartint unes postres en família per poder viure una realitat paral·lela guarnida de forma deliciosa.

I ara, tornem a tenir el prestatge de les farines ple i potser no ho valorem tant, ja no tenim temps d'entrar a la cuina i posar-nos a seguir receptes, ens fa mandra, millor comprar directament un elaborat, ja no ens cal pregar per un paquet de llevat perquè la màgia d'elaborar pa s'ha anat fonent al veure el gran abast i els milers de modalitats que a poc preu podem aconseguir al supermercat. Les rutines, divertides però que acabaven sent feixugues, es quedaran en un record.

Només en una de les diverses onades que hem viscut després de l'arribada del virus, quan avisaven que tancaven restaurants, vaig tornar a sentir-me com en aquelles primeres sortides que semblaven una aventura d'exploració d'un territori desconegut, enmig d'una cua de gent que esperava el seu torn per arrasar un cop més les prestatgeries. Em transportava altra vegada al significat que li havia atorgat als supermercats durant tota l'etapa d'hivernació on et podies trobar des de baralles per rotlles de papers de vàter fins a mascaretes improvisades que amb prou feines filtraven l'**aire**.

Aire

Respirar i sentir-se afortunat de no tenir problema per poder fer-ho, sensació de llibertat, per fi, en sortir de casa. Alguns teníem la sort de viure envoltats de natura, com en el meu cas. Passar el confinament domiciliari a la casa que m'havia vist créixer em permetia tenir accés a l'aire lliure a l' engròs.

Les tardes de descans, després de tot el matí teletreballant, tota la família sortíem com llangardaixos a absorbir el mínim raig de sol que vèiem. De petites, la meva mare sempre ens insistia a sortir al carrer, a estar a la natura i prendre molt el sol perquè estàvem massa hores tancades. La meva germana i jo ens miràvem i rondinàvem fins que li acabàvem fent cas. Va fer falta una pandèmia mundial perquè a la meva mare no li calgués insistir, i ens naixés a nosaltres mateixes aquest amor per l'aire lliure, per sortir de casa, encara que fos al jardí, a respirar, i a estar en contacte amb el verd per desconnectar.

Massa gent no va tenir aquesta sort. Em puc imaginar per què el primer dia que començaven a afluixar les restriccions que marcaven els grups d'edat per horaris de sortida, es veien imatges d'onades de gent passejant per la Barceloneta. Tantes persones havent-se de confinar en un pis minúscul, sense ni balcó o en llocs que no consideraven «la seva llar», com en una gàbia tancats, aferrats a la mínima oportunitat d'escapar del cau.

La premsa se'n feia ressò diàriament a les primeres planes: «Èxode cap a la platja i la muntanya per agafar aire després del confinament». La imatge d'uns sanitaris traient un malalt de l'hospital per tal que veiés el mar després de tantíssims dies greu tancat a l'UCI es va fer viral i ens va fer prendre encara més consciència del poder curatiu d'aquestes sortides. Escapades amb hora de caducitat. Després de tot el que hem viscut des que es va detectar el primer cas, el cúmul d'emocions, l'ansietat, la incertesa, l'atabalament, ara, cada cop és més necessari aquest aire al que es referia la notícia.

Complert el primer any de la situació que ha ocupat la majoria de les nostres converses i preocupacions, unes vacances, o estiuejar a una altra comunitat autònoma, s'ha tornat vital. El que abans consideràvem normal s'ha convertit en tan excepcional com absolutament necessari. Alguna de les coses que podrem agrair a la pandèmia serà el culte a la vida a l'aire lliure, a la necessitat de caminar lliures, sortir a l'aire pur per a tots aquells que en precovid no ho apreciàvem.

També hem acabat relacionant l'aire lliure amb la seguretat de no infectar-nos ja que des d'un primer moment va ser l'únic espai on ens podíem retrobar amb aquells a qui no vèiem des de feia mesos. Els llocs al descobert com les terrasses dels bars i restaurants van ser on primer es va permetre que ens reuníssim. La calma que ens transmetia estar al descobert, sense parets ni sostre, després d'haver avorrit cada racó de casa nostra durant mesos, era d'agrair.

Malgrat que podríem definir perfectament l'època del tancament com un període obscur, no només per totes les seqüeles mentals a les quals podríem acabar derivant sinó també pel fet de tenir escassa llum natural, li vam fer un gran favor a la nostra apreciada natura. L'aire pur que valorem tant avui en dia, només va necessitar uns dies de «descans humà» per baixar relativament els nivells abismals de contaminació que s'estaven convertint en insostenibles al nostre planeta. La notícia dels porcs senglars que passejaven per Barcelona, l'augment dels animals que havien baixat de Collserola i que ocupaven les vies que acostumaven a ser de les més transitades de la ciutat, feia evident la invasió de la vida salvatge a la civilització. Molta fauna s'encarregava de tornar a ocupar els seus llocs d'origen, on des de feia dècades s'hi havien instaurat carreteres, mentre nosaltres ens dedicàvem a incrementar les autopistes digitals, les xarxes socials i incomptables **videotrucades.**

Videotrucades

Contràriament al que esperàvem quan menjàvem els raïms donant la benvinguda al 2020, idealitzant el que vindria per davant, fent llistes amb els objectius als quals volíem arribar, envoltats d'amics, familiars o desconeguts, el nou any ens va sorprendre i molt, però negativament. Tancats, amb escassa llibertat, drets restringits, espantats i d'alguna manera també atrapats. Qui m'ho hauria dit, a mi, i a la gran quantitat de gent que omplia la plaça Espanya, aquell 31 de desembre de 2019, que estàvem donant la benvinguda a un any històric i que trigaríem molt a tornar a veure en directe tantes cares juntes. Irònicament, l'any 2020, l'era en què molts preveien els majors avenços tecnològics, on la revolució total arribaria, l'any rodó... ens deixaria totalment devastats.

Així doncs, a mesura que anaven passant els dies i primers mesos de l'any, ens vam anar adonant que no es tractava d'un any ordinari. Recordo que cada mes s'anunciava una catàstrofe nova, fins que vam arribar al que seria el monotema que ens marcaria un abans i un després a la nostra normalitat.

Des de petita he sigut sempre molt independent, he anat molt a la meva, i sent una persona d'iniciativa, poques vegades m'enfrontava al «no fer res», constantment trobava una activitat per fer i quan em venia de gust descansar, també m'hi sabia adaptar. No em costa reconèixer que quan he tingut èpoques d'ansietat o alguns episodis de molt d'estrès, m'anava bé distreure'm fent diferents activitats, veure a amics o passar una estona fora de casa.

Les persones com jo, addictes a les activitats, a tenir mil plans i l'agenda plena ens enfrontàvem al «no res».

Trobar-se cara a cara amb la soledat és difícil, i quan ens vam veure envoltats per ella, endinsats en una crisi sanitària a nivell mundial que no sabíem per on ens tornaria a sorprendre, intentàvem entretenir-nos amb qualsevol cosa.

Sense opcions d'esbarjo a les quals solia recórrer abans quan intentava combatre el sentiment de solitud, veient que la situació excepcional passava a ser rutinària, i sumant-hi haver-me d'enfrontar cada setmana a un seguit de pàgines d'agenda buides de forma indefinida em creava un desassossec indescriptible, i malgrat que s'han vist comunitats de veïns amb ganes de fer pinya, balcons plens de gent fent activitats de forma distanciada i amistats creades arran de la pandèmia, hi havia moments que era inevitable sentir-se sol. No fa falta estar totalment aïllat per experimentar la soledat, però l'haver de suportar una pandèmia mundial en primera persona, és clarament un factor que la intensifica.

Arribats a un cert punt de la pandèmia, aquells dies grisos, on només obrir les notícies vèiem que allargaven un cop més l'estat d'alarma, desesperats per la necessitat urgent de tenir contacte amb gent externa, ens vam veure obligats a buscar opcions. I les videotrucades van passar a ser el pa de cada dia.

Primer anhelades, divertides, tenia certa gràcia veure als amics després de tant temps davant d'una situació tan estrafolària que no ens haguéssim imaginat mai que viuríem, per comentar la jugada, també per anar descobrint junts aplicacions que ens permetien estar més connectades que mai jugant a jocs mentre ens vèiem en pantalla, per passar l'estona de forma diferent, de forma telemàtica. Després li vam començar a agafar el gust, i ho vam generalitzar, ara quedem per fer el vermut, ara intentem fer una festa, recrear un challenge, fer un *room escape* en línia...Vaja, de plans no ens en faltaven.

Al final, les trucades eren com una obra de teatre, hi havia cert *backstage* on et preparaves per l'acció, la situació on et posaves, el motiu per treure't el xandall i fer el moment més especial i fins i tot, sempre comptaves amb alguna fallada del directe, com era usual, degut a la mala connexió.

Per primera vegada a la vida, estàvem connectats únicament i exclusiva per via electrònica. I no sé si va ser degut als mals de cap amb què acabaves quan tancaves la connexió, o gràcies als crits dels qui encara no controlàvem del tot la mecànica de les videotrucades, o pel mareig per haver d'estar pendent de tantes coses alhora com que t'escoltessin bé, que la il·luminació fos correcta, l'angle també, ... que vam acabar mirant d'evitar fos com fos haver d'enfrontar-nos altra vegada a aquell *link* que ens convidava a compartir temps per pantalla amb cares conegudes.

Després d'hores de classes en línia, o teletreball, o tenir concertades més de dues videotrucades per dia, que requerien doble preparació i múltiples exposicions a les pantalles, vam quedar ben tips de tecnologia. Les quedades i retrobaments són molt millor en persona, on no hi hagi fallades de connexió i puguem mirar-nos sense filtres, en 3D, i comunicar-nos de la forma més humana possible, amb el llenguatge proper que ens fa vibrar i gaudir de la gent, estimar-la, allò que ens apropa i que en solem anomenar **amor**.

Amor

Era evident que tant l'amor com les relacions socials s'havien vist molt afectades en aquest escenari. La majoria comptàvem amb connexió a totes hores, però no estàvem preparats per relacionar-nos a distància de forma exclusiva, tot i estar en municipis veïns. Es feia difícil d'entendre i de portar. En definitiva, es generava una gran frustració pels efectes secundaris de les maleïdes fronteres municipals.

Una distància que t'allunyava de la gent a qui estimaves, que t'arrabassava experimentar moments que et tocava viure, que posava cap per avall el teu dia a dia... I tot plegat es feia molt difícil.

Cada cop és menys habitual ajuntar-se amb gent del mateix poble o de la mateixa ciutat, com havien fet els nostres avis, ells no comptaven amb tanta facilitat de comunicació com tenim ara. A l'actualitat, els 2.0 ja hem fet usual enamorar-nos de persones de fora del nostre entorn geogràfic: Erasmus, viatges, la xarxa i les aplicacions per trobar parella han obert el radi de contactes i les relacions s'han tornat més internacionals que mai. Per aquest motiu, el fet de viure en comarques o municipis diferents, veïns, amb les connexions òptimes amb què comptem, els quilòmetres que ens poguessin distanciar no es feien notar. La pandèmia ens ha fet conscients d'aquesta evolució amb un retrocés sobtat al segle passat.

Trobar a faltar, l'emoció més potent i recurrent durant tota la pandèmia. Vaig trobar a faltar moltes coses, però deixar de tenir contacte directe amb les persones que estimes, fora de la bombolla, va ser de les vivències més dures del confinament. Una altra trucada, una foto, una videoconferència, un altre missatge de bon dia que es notificava quan obries el mòbil marcava l'inici d'un altre dia més que ens apropava al moment de poder tornar a estar junts.

Al principi els ànims no dequeien perquè ho vivíem com una novetat que la patíem tots, allò del «mal de molts...». Però a mesura que s'anaven obrint les fronteres, l'enveja creixia cap a aquells afortunats que tenien parella i amics o la família extensa al mateix municipi. Saber que no eres l'única persona que estava aïllada a casa i sentir que no podies fer res al respecte consolava, et feia estar tranquil·la, però les coses canviaven al veure que altres podien refer els contactes més aviat que tu. Adonar-se que la situació es perllongava, indefinidament, sense veure el final feia que el desassossec i la frustració ens ofeguessin. Va ser quan vam començar a albirar els problemes psicològics que ocasionarien en les persones i especialment en els joves, les mesures sanitàries i polítiques establertes, per una bona temporada.

Aquest distanciament forçat afectaria les nostres relacions, sobretot d'aquelles parelles que ja vivien juntes i es trobaven amb el que era una convivència de debò duta a l'extrem. Fèiem broma amb el nombre disparat de divorcis que hi hauria per conseqüència directa d'una sobreexposició d'hores compartides. O amb el *baby boom* que esclataria després. Al final, malauradament, es va complir més la primera suposició que la segona. Al meu voltant, però, va ser a la inversa; es van consolidar relacions i, a més, vam donar la benvinguda a l'Ofèlia, la filla d'una amiga, a mitjans del 2021. Quina sort que triomfés l'amor, ampliant el **grup bombolla**.

Grup bombolla

Els de casa m'esperaven que tornés de Barcelona aquell 13 de març. Un cop escoltades les notícies, vaig decidir tornar al meu lloc de resguard pel que pogués passar. El pare em va venir a buscar a l'estació i em va informar de les instruccions que havia donat la mare sobre el què havia de fer en arribar: deixar les sabates a fora, treure'm tota la roba a l'entrada, dutxar-me a fons, ventilar tot el que portava a la maleta... La maleta que m'havia preparat per quinze dies a correcuita, i ai, quins quinze dies!

Feia temps que no estàvem tots junts, la família al complet, tants dies, tan units, i tanta estona a casa. A partir del primer dia casa meva es va convertir en una oficina, un restaurant, una sala de jocs, una discoteca, una biblioteca, una sala de cinema, un gimnàs. Transformàvem el menjador en espais múltiples a disposició del que volíem recrear cada dia. Per començar, els matins, de dilluns a divendres, horari d'oficina, cada habitació es transformava en un despatx, el meu germà i jo estudiàvem, i els altres teletreballaven, a vegades senties la reunió del costat i hi havia alguna discussió, (la porta si us plau!). Costava comprendre aquella realitat, acostumar-s'hi, però no podíem fer-hi res, mai havíem treballat junts i ara havíem d'adaptar-nos a aquesta nova «empresa» familiar, cada un amb els seus deures i obligacions. I els caps de setmana tocava celebrar, celebrar que havia passat una setmana més, i si endurien les restriccions o les allargaven, també se celebrava, que estàvem junts, bé, amb salut i que seguíem endavant.

Les estones d'esbarjo també eren divertides, era difícil perquè en un moment donat, sense esperar-t'ho la teva família s'havia de convertir en tot el teu entorn social, és a dir, passaven a ser el teu grup d'amics, la família propera i extensa, els teus companys de feina i els teus companys de pis.

Sempre hem sigut una família unida, però aquells dies, que van acabar convertint-se en mesos, el nostre nucli es tornava més fort, i sobretot, més creatiu. Clar que sempre hi havia alguna enganxada, conviure cinc persones a vegades és difícil però també va ser especial, el món estava parat i nosaltres, gaudint de la família 24/7, sembla atractiu i tot, per experimentar-ho, almenys, un cop a la vida.

En diversos moments m'havia plantejat què devien pensar els animalons de companyia de tota aquesta situació? La meva gossa no havia estat mai tan acompanyada, i se la veia força tranquil·la i feliç.

Vivint al mateix carrer que els meus avis, era inevitable, passejant la gossa, passar a saludar-los des de ben lluny, a través d'una reixa; com en un *vis a vis*. Era una estona on podíem comunicar-nos amb algú de fora el nucli, i es creava un ambient màgic. Els vèiem contents de poder relacionar-se mínimament però amb la desil·lusió d'adonar-se que no ens podíem ni acostar i molt menys tocar.

Em sento afortunada del que vaig poder viure aquells dies i poder parlar-ne en positiu, agrair a la meva família els mil records que vam crear aquells dies tan únics i diferents. Ara, quan torno a casa els caps de setmana, com porto fent des que vaig marxar a estudiar a fora, fa quatre anys, se'm fa molt curt, enyoro l'ambient familiar, m'havia acostumat massa al meu refugi anticovid.

I en aquells dies, quan em trobava acompanyada, o ara mateix, no puc evitar pensar en les persones que vivien la mateixa situació que jo des d'una perspectiva ben diferent. Des d'un llit d'hospital, aïllats del món, totalment, amb l'únic contacte humà d'una persona amb un uniforme d'astronauta, és a dir, un EPI. De la gent que vivia un infern a casa seva i cada dia se'ls devia fer molt dur o els qui estaven atrapats en un país diferent desitjant tornar a casa seva, lluny de la família, i no podien.

Venint d'un arbre genealògic petit, i poc afí a les trucades, poder anar a visitar-los quan van començar a obrir els tancaments perimetrals va ser una sensació estranya, estàvem desconcertats, feia tres mesos i ens semblava una dècada. Les visites que normalment es limitaven als caps de setmana, festius i l'estiu, es van intensificar durant el període d'obertura; més sopars, més piscina, més berenars, més visites, reunir-se amb distància, però reunir-se, era una gran **festa**.

Festa

Intentàvem encaixar la nova realitat com les quatre taules que omplien el menjador de casa esperant el grup reduït de familiars que venien a celebrar el Nadal. Era el primer festiu que podíem gaudir ampliant el nostre cercle, afegint més de cinc coberts a taula. Acabant d'enllestir el dinar, ens centràvem a trobar la manera de com asseure'ns per poder mantenir les distàncies entre famílies no convivents. Cada ovella al seu corral. Distància a la taula però sense exageracions perquè les dimensions del menjador eren les que eren.

Havia sigut un Nadal molt esperat on el regal més important per cada un de nosaltres era poder-lo viure acompanyat, en família, una mica com sempre. Els dies anteriors a la data assenyalada hi havia hagut força preocupació i angoixa, els restaurants tenien prohibit obrir de nit i seguíem amb confinaments que delimitava el territori, ens impedia reunir amb aquells amics o familiars que vivien dos pobles més enllà. No es veia clar del tot que ens poguéssim trobar, i definitivament, rebutjàvem la idea de passar un dia assenyalat més de forma aïllada, com ho havíem fet des del març.

Era un any per estrenar-nos a fer moltes coses, l'any que trencàvem amb els vells costums. Mirant enrere, per primer cop a la vida no veia els meus padrinets de bateig per Pasqua, tampoc sortíem de casa tard, corrent i de pressa, enfadats perquè algú s'havia deixat de posar l'alarma a casa i estressats perquè no arribàvem a la missa de diumenge de rams. Aquell abril ens vam mudar, això sí, a petició de la mare, però no vam sortir de casa, ni vam baixar al poble, contràriament, vam fer una cerimònia privada, ens vam reinventar, vam collir llorer del jardí, i prenent el sol donàvem gràcies de poder-ho celebrar explicant-nos anècdotes, recitant poemes i compartint idees amb els de casa. La setmana amb més festes de l'any, vam elaborar pastissos i mones amb escassos recursos perquè si més no, la dolçor no ens faltés. Aquell any no hi va haver la foto que des que vaig néixer ens fèiem amb el meu padrinet per immortalitzar el moment de l'entrega de la mona. Aquell abril obria una caixa sorpresa des de casa, arribada per transport a domicili, vaig rebre la figura d'ou de xocolata que sempre ha caracteritzat la celebració: el pastisser del poble s'havia tornat repartidor. Després d'un any hem pogut tornar a complir la tradició i reproduir una vegada més aquella imatge, però no hem pogut fer veure que no havia passat res, petits detalls, com la mascareta, la falta d'alguns familiars, el no poder compartir ni barrejar, acabaven marcant una gran diferència en l'evolució dels festius.

També, per primer cop a la vida, ens estrenàvem en això d'ajornar una vegada més una celebració. Uns dies abans del 23 d'abril i veient com anava cap a caiguda la situació sense gaire esperança a curt termini d'arreglar-se, se'ns informava que no se celebraria una de les festes més boniques de l'any, Sant Jordi. Barcelona i totes les ciutats i pobles de Catalunya es quedaven sense una de les festes més maques i esperades; quedava ajornada a l'estiu. Qui ens hauria dit mai que hauríem de celebrar sant Jordi al juliol? I qui podia assegurar que no ens tocaria estar confinats, com va passar a Lleida?

Que la Diada rebi tractament de data de puja i baixa com Setmana Santa ens deixava descol·locats, però què millor que l'adaptació en temps de canvi. Vaig tenir la sort de viure el primer Sant Jordi postpandèmia a Barcelona, passejar per la Rambla i fins i tot, si no et fixaves en les mascaretes, tornava a semblar la diada de sempre, gentada i cues per tot arreu, oblidant per una estona guardar la distància de seguretat. Roses, llibres, gelats, rialles, passejos i vida, la vida que prenia els carrers novament. Vam aprofitar per agafar aire que ens empenyés amb esperança cap a l'estiu.

Veient la decoració de la casa Batlló, farcida de roses roges, em venia al cap com l'any passat penjàvem al balcó de l'entrada de casa una manualitat en forma de rosa que havíem estat preparant la nit anterior per commemorar d'alguna manera aquest dia, tot i el confinament, participant al concurs de decorar les cases que s'havia organitzat al meu poble.

Per Tots Sants, després d'haver-me reincorporat amb penes i treballs a la feina, arribaven molts encàrrecs de panellets a l'obrador. Des que era ben menuda cada any ho havíem celebrat amb els meus tiets al Bages, i aquell 2020 ens vam quedar a Lleida, menjant entre els cinc dos capses plenes del dolç típic i sense poder-lo compartir. Igual que per Cap d'any, moltes planificacions es van quedar en idees a l'aire que no es podien complir, poca festa i tot molt casolà. Rebíem el 2021 com havíem passat bona part del 2020, a casa, amb els meus companys de quarantena, el grup bombolla.

Tothom deia que no podia ser pitjor l'any que venia que el que havíem passat, però això de posar reptes a l'univers no és gaire aconsellable. Amb el nou calendari ens esperava ves a saber què, millor o pitjor, més valia agafar-s'ho bé i emprendre el nou camí com **un altre viatge**.

Un altre viatge

Avui, escoltant una cançó a la ràdio he viatjat en el temps, m'he transportat exactament a quan la vaig escoltar per primera vegada, a través de la pantalla del meu mòbil veient un famós ball que s'havia fet viral. És curiós com una cançó, una olor, un vídeo o una imatge et poden fer viatjar cap a un instant precís. M'ha recordat a tot el diumenge que vam dedicar amb la meva germana a entretenir-nos aprenent cada un dels passos del famós ball i les síl·labes de la cançó per cantar-la mentre ens gravàvem, una labor que encara que la fèiem per diversió era altament esgotadora. També em va passar fa poc amb la colònia que havia portat durant tot el confinament la meva germana, quan després de bastant temps se la va tornar a posar. Es va apropar i li vaig sentir olor de «confinament», ja havia tornat a viatjar fins a aquella època, el principi de tot.

Després de tant de temps sense poder assaborir un vol, les maletes, haver de matinar, el *check-in*, el *check-out*, els nervis d'arribar en un lloc nou, conèixer món... un dels meus més apreciats *hobbies*, he hagut de reinventar el que era per mi la paraula viatjar. Fa temps que havia assimilat que això de viatjar com ho tenia entès fins al 2020 trigaria a tornar. Després de tots els viatges anul·lats o ajornats per a dates molt llunyanes, els intents de viatjar havien acabat sent un despropòsit ple de disgustos. Tampoc era la meva obsessió, perquè hi havia maldecaps més grans al meu voltant com per maleir el fet de no poder viatjar com m'hauria agradat. Encara que, sobretot durant l'estiu, quan hi havia més mobilitat, potser sí que em feien més dentetes la gent que s'havia atrevit a donar el pas i a agafar un vol, perdent-se en terres estrangeres i desconegudes.

En postpandèmia, la nova normalitat, l'era dels rebrots o com li vulguem dir, ens havia tocat viatjar sense més remei dins el nostre territori i convertir-nos en turistes de proximitat, fent veure que ho fèiem per voluntat pròpia i no perquè s'havien instaurat unes limitacions territorials per mirar d'evitar la propagació del virus. Tot i això, adonar-se dels petits tresors que es tenen a costat de casa també ha sigut un dels millors regals que ens ha donat la pandèmia, m'he adonat que potser no feia falta agafar un vol de més de dotze hores per gaudir d'unes platges paradisíaques ja que en poca estona amb cotxe també les podies trobar o haver de fer mil hores de carretera per poder caminar per uns paratges naturals espectaculars.

Els viatges a gran escala van quedar gairebé en exclusiva per a aquells que laboralment els obligava la feina. A mi, l'únic viatge laboral que em toca en el dia a dia és el que es fa amb transport públic. No era gaire agradable estar enganxada a gent desconeguda en pocs metres quadrats i amb escassa ventilació, no motivava gens i espantava força. Per no dir que la tècnica d'«ensardinament» dins el metro o bus posava en dubte totes les normes de seguretat que ens repetien fins l'avorriment des de l'inici de tot plegat.

De manera que el que pensàvem que era cosa de dues setmanes, un mes, dos, s'havia anat allargant. Les poques sortides a prop que vam poder fer havien estat ben bé necessitats vitals d'esbravar-nos per poder aguantar un temps més les restriccions.

Com va passar l'estiu del 2020, els ciutadans ens tiràvem els trastos els uns als altres acusant-nos d'irresponsables per aprofitar més o menys aquesta mínima llibertat de què gaudíem.

Semblava ser que l'oci i el negoci tenien un tracte diferent de cara al virus per part de les autoritats i això transmetia poca fiabilitat científica. Les mesures per evitar la transmissió a gran velocitat de la malaltia entre la gent no tenen a veure en el perquè es fan les coses, si per treballar o divertir-se. Si s'apliquen certs criteris per la feina, per què no havien estat els mateixos per a l'oci? Podíem treballar seguint les mesures, però no divertir-nos?

Arribats en aquest punt, ja no ens sorpreníem quan tornaven a anunciar per enèsima vegada un confinament comarcal, municipal, o restricció nova, ens passava com amb la cançó de l'enfadós; amb la repetició es perd l'efecte. Es va crear una ràbia i tensió compartida per no entendre per què es podia anar amb tren d'una localitat a una altra per treballar, assegut amb un estrany a la vora, però no es podia anar amb un conegut en un cotxe per pur oci si no formava part del grup estable. Només sentíem a dir que moltes decisions preses per al moment d'excepció havien vingut per quedar-se, i molt del que havíem viscut se n'havia anat **per sempre.**

Per sempre

Hi ha dates que queden marcades per sempre. Només entrar a casa del meu oncle m'ensopegava amb un calendari penjat a la cuina amb els dies tatxats fins la data on va començar la tragèdia, quan va haver d'ingressar d'urgència a l'hospital i s'hauria d'enfrontar als seus últims dies de vida, amb la família lluny i amb només un visitant acreditat al que li perillava l'entrada depenent de les darreres novetats del virus. I el calendari seguia senyalant aquell dia, el que marcava l'abans i el després, per a ell i tot el seu món. Les anotacions de plans futurs que estaven apuntades en aquell calendari es quedarien allí, en simples propòsits que no s'arribarien a complir, i això em trencava el cor. Havíem passat una pandèmia que cada dia s'emportava milions de persones, milions d'avis, pares o fills d'algú, però fins que no et toca a tu, de primera mà, a primera fila, no t'adones del que significa perdre un familiar mentre està sol, sense companyia de cap conegut, en un hospital amb personal sanitari desbordat de feina per poder estar per les necessitats emocionals dels pacients.

La mort d'un familiar sempre afecta, i més si és la primera que vius, la primera que modifica l'arbre genealògic tal i com el coneixes des que tens memòria, i si s'ajunta un altre factor fatídic, com l'estat d'alarma, ho empitjora, tot es complica. Aquesta època s'ha caracteritzat per la pèrdua, la mort ens envoltava, sobretot d'aquells més grans, la població de risc. I el pitjor de tot ha sigut els comiats que no hem pogut fer, els enterraments que s'han vist retallats a la mínima expressió i pitjor encara si es tractava d'una víctima del covid-19. Els rituals que acompanyen l'adeu als familiars són vitals per als qui es queden, per a poder encarar un dol sa. I tot s'acumula i suma en negatiu. El cicle del dol queda incomplet, i molts cops es requereix de teràpia i acompanyament per poder avançar.

Remirant àlbums antics, t'enfrontes amb imatges d'aquells que ja no hi són i no te'n saps avenir que entre la vida i la mort hi hagi un canvi tan dràstic com irreversible. No veure'ls mai més, no poder parlar-hi ni comunicar-te mai més amb ells. La ment et fa males passades perquè encara et neix dins de trucar-los. Rememores l'anècdota que acompanya el que estàs veient a la foto i que no hi estaràs mai més amb ell, almenys en vida, analitzes al detall els darrers missatges intercanviats que queden immortalitzats al mòbil, les seves últimes paraules o fins i tot, el to de la seva veu,... D'alguna manera seguim pensant que són a casa seva, sense voler trobar-nos ni pensar en la realitat, de saber que quan truquem a la que era la seva llar, no contestaran.

És inevitable sentir la fiblada al pit quan constatem que el viatge no té **bitllet de tornada**.

Bitllet de tornada

Quan vaig poder tornar a entrar a l'habitació que m'havia acollit com una segona casa des de feia quasi més d'un any, em vaig posar a plorar. Tota la realitat del que havia passat quedava reflectida en aquells dotze metres quadrats. Mig desordenada, plena de pols, i amb tot intacte, l'habitacle estava com si hagués acabat de sortir per tornar-hi al cap d'una estona, però havien passat sis mesos. Tot el que havia deixat aquell tretze de març de 2020 seguia al mateix punt, era jo qui em sentia una persona diferent, havien passat tantes coses, i no només a mi, a tot el planeta. Tornar em feia sentir vulnerable, ho havia intentat allargar al màxim, la mare em recordava tots els objectes que m'havia deixat a Barcelona i potser em feien falta però jo evitava el tema, només pensar a tornar m'angoixava. I quan m'hi vaig haver d'enfrontar, la primera imatge ja em va deixar tocada: la de la cadira de l'escriptori, on solia deixar la roba que encara podia portar una altra vegada. Allí estaven dos jerseis de llana, repenjats a la cadira, esperant a ser portats de nou. Tornava al pis en un mes d'agost, amb la calor asfixiant de Barcelona i amb un vestit de tirants. El llit vestit amb el nòrdic i l'armari encara ple de roba d'hivern i mantes em feien adonar que realment s'havia parat el temps. A la meva segona habitació, encara érem al març.

Tornava a sentir-me com quan vaig marxar i vaig retornar a totes les emocions que recorrien el meu cos aquell dia mentre feia la maleta, els nervis per no perdre el tren, per no quedar-me atrapada a Barcelona, per arribar bé a Lleida, que no em passés res, tot va ser tan ràpid... El dia que anunciaven que tancaven totes les ciutats, fronteres, comerços, restaurants, i només quedaven a l'abast els serveis essencials era un divendres. Tornant de la feina i espantada per totes les notícies i la incertesa del que estava passant vaig agafar el primer bitllet de tren que vaig poder comprar i amb l'ajuda de la meva parella vam buidar tota la nevera i posar quatre coses a la maleta per anar cap a Lleida per sobreviure a aquelles «dues setmanes». Em vaig deixar molta roba penjada a l'armari, productes de cosmètica, llibres... Si ho hagués sabut òbviament la meva maleta no hagués anat tan lleugera.

Em vaig passar el dia de la tornada netejant i fent meva altra vegada l'habitació, retornant-li aquella essència de casa meva que havia perdut per haver estat abandonada mig any. I ara, estic escrivint des d'allí, torna a ser la meva segona casa, i els viatges Lleida Pirineus – Barcelona Sants han tornat a ser un hàbit.

Barcelona sempre ha estat una ciutat plena d'activitats, això era el que sempre m'havia cridat de la metròpolis i el que em va fer desitjar anar-hi a estudiar. Mai et quedes sense pla, sempre hi ha alguna cosa a fer: una fira, un mercat, una convenció, un museu, uns jardins, un parc, un racó que encara no hi has passejat. L'efecte que va tenir la pandèmia sobre la meva ciutat d'acollida va ser bastant més impactant que a la meva habitació. Potser pel fet de venir de Lleida, una ciutat més menuda, no m' adonava tant de com havia afectat tot aquest desori, però passejar per Barcelona aquell agost, i els mesos que van anar venint després, va ser molt trist: terrasses buides, monuments emblemàtics que solien estar plens de gent, deserts, molta distància i poquíssima gent als carrers, en definitiva. I les mil activitats per fer es van convertir en buscar les poques coses que quedaven obertes o es podien visitar i aguditzar l'enginy per veure què es podia fer entre tantes restriccions.

Però no tot va ser negatiu, vaig descobrir molts jardins per passejar, molts racons i espais que desconeixia, per sentir la natura estant dins d'una gran ciutat i al final són aquestes petites coses amb què ens hem de quedar, i sobretot, sentir-nos orgullosos d'haver-nos pogut adaptar a tot el que ha vingut. Donar més valor a les petites llibertats que és, al capdavall, el que ens ha suposat més **feina**.

Feina

Molts sectors, per no dir tots, s'han vist afectats per la situació mundial provocada per la pandèmia. Ja fos per un volum exagerat de feina com per la seva manca, a vegades tancament total d'activitat. Laboralment hi ha hagut moltes víctimes per tots els canvis que ha suposat l'aturada i les mesures de prevenció de contagi.

He tingut la sort o la desgràcia, segons es miri, de viure aquesta experiència de ben jove. Quan tot va començar en tenia 20 i em va agafar treballant i estudiant. Aquesta parada, per sort, no implicava res greu, no era una qüestió de vida o mort per a mi, como ho era per a adults responsables de família i amb despeses fixes. Ho he de reconèixer, jo era de les que el 13 de març pensava «que bé, quinze dies de vacances, serà divertit». Però es va anar allargant i la paraula ERTO ja no feia tanta gràcia...

A principis de febrer, quan es començava a introduir el tema del «virus de la Xina» a les converses dins de l'obrador, rèiem i explicàvem anècdotes com que havíem vist algú pel carrer amb mascareta o que el *Bazar* del barri tenia el rètol de «tancat per vacances» penjat a la porta, cosa ben curiosa de veure en aquesta mena de negocis oberts en contínuum. No va ser fins la primera setmana de març que la nostra cap es començava a espantar per tot el que estava per venir i nosaltres, seguint entre rialles, la tractàvem d'exagerada, i seguíem elaborant uns productes que mai arribarien a ser venuts. Finalment, a meitats de març ens tancaven a casa i com a conseqüència, l'empresa baixava la persiana. Però no ens desanimàvem, vam ser actives i vam decidir posar al dia totes aquelles receptes i fitxes tècniques que teníem pendents per aprofitar el tancament al màxim, dins el que es podia. No va ser fins a finals de març que un matí em trobava amb un missatge de la cap avisant-me que quan pogués la truqués, per dir-me que ens posaven a l'ERTO, i tot el que això implicava.

Una situació d'estar als llimbs però en versió laboral, compta com si treballessis, estàs cotitzant, però no produeixes. Un buit difícil de viure i d'explicar, amb una incertesa angoixant i això sense tenir ningú al meu càrrec. Fins l'octubre no vaig tornar al meu lloc de treball, i ho dic en singular perquè ara tot és així, en singular. Érem sis i vam tornar dues. L'equip s'havia reduït molt. Els caps de setmana sempre estava acompanyada, i vaig haver d'estar mesos enfrontant-me a la jornada sola. I des d'aleshores no hem tornat a ser el nombre de treballadores que vam marxar el divendres 13 de març cap a casa. Ara som menys de la meitat de l'equip, i es nota. El silenci, les distàncies, les vuit hores respirant a través d'una mascareta,...

Al meu estimat sector, hi ha hagut molt embolic, com la situació mateixa, el nostre futur ha estat ben indecís: ara ens reduïen l'horari d'obertura, ara ens limitaven l'espai, ara obrien exclusivament les terrasses, ara tancaven del tot, ara limitaven els sopars, i així una llarga llista d'indicacions que ens portaven cada dia un maldecap diferent i ens obligava a idear algun pla per no haver de tancar portes altra vegada indefinidament com havien fet milers d'altres petits comerços.

Per això, des del principi, he estat víctima del que suposaven tots els canvis en el món de l'hostaleria, considerat un dels sectors més perjudicats per tot aquest trasbals. Tot i haver estat present en el dia a dia de la restauració, sé que no soc realment conscient de totes les afectacions que hi ha hagut i encara hi ha en altres sectors. Sobretot parlo del més implicat de tots: el sanitari. Segur que en un futur els que ho han viscut seran com els supervivents de la guerra, els incompresos i els que no en volen parlar, els que volen silenciar els traumes que han hagut de viure dins les portes del seu lloc de treball: l'hospital. Fent més hores que un **rellotge.**

Rellotge

«Els més afectats són la gent gran, m'estic perdent la vellesa i no em queda més temps», deia el meu avi valorant la situació que vivíem tots plegats. Tothom escombra cap a casa i ho veu des del seu melic. És cert, ells s'han perdut aquesta etapa però a tothom li han «robat» un any de la seva vida, si és que es viu per explicar-ho, tothom s'ha perdut una etapa, i qui han sigut els més desfavorits, doncs no ho sé, egoistament cada un es pot plantejar que ha sigut la seva etapa la que s'ha vist més afectat: els nens que no han pogut sortir a jugar al carrer, els preadolescents que no han pogut viure les seves primeres quedades preparant-se per a l'institut, els que s'han quedat sense celebració de l'esperada majoria d'edat, els que s'han perdut el primer any universitari, la graduació, i així un llarg etcètera.

I en el meu cas, la joventut, els que sortim de festa, ens reunim, ens sentim lliures, hem estat titllats de ser dels principals agents propagadors del virus. Així és com ens han culpabilitzat els mitjans de comunicació i la massa crítica social. Nosaltres, que ens vam haver de d'adaptar a un aïllament inesperat, substituint totes les quedades per skypes, les festes per playlists de Spotify i poca cosa més... Nosaltres sí que hem perdut una de les etapes que signifiquen més a la vida, on es formen aquelles amistats que potser duraran fins que ens fem grans, i totes les anècdotes de bogeries que un dia explicaríem als nostres fills, com diu el grup Manel «quan som joves i forts sentim l'eternitat al nostre davant».

Mai havia sigut de sortir gaire de festa, ni de tornar a les vuit del matí a casa, però ara, amb l'estimat toc de queda, el que et recorda que a les deu has de ser a casa, fa que et penedeixis de no haver sortit més, d'haver dit que no aquells dies que et feia mandra. Havia arribat un moment on ningú sabia quan podríem tornar a sortir de festa, si l'ambient juvenil que coneixíem s'extingiria, perquè «on s'ha vist, tal com estan les coses, una sala amb música, gent barrejada, bevent i ballant, quina ximpleria!». I els concerts, això és el que em sap més greu, els tiquets anul·lats, les ganes amb què els havia comprat i com van quedar allí, penjats a l'habitació a mode de recordatori del que m'ha quedat pendent. Però era inevitable sentir-me impotent i desil·lusionada, perquè els joves no vèiem la llum. Se seguien ajornant les gires, molts locals d'oci nocturn als quals devem moltes nits de festa van haver de tancar definitivament ofegats econòmicament. I aquesta era la situació: quedades restringides, botellots prohibits, i amb els nostres pares tranquils, perquè quan arribava la nit, tots érem a casa. La joventut perseguida.

El dia que anunciaven el toc de queda a França, vam tenir la mateixa reacció que quan van anunciar el confinament domiciliari a Itàlia: ostres, doncs sí que deuen estar malament, però sort que aquí això no arribarà. I en dues setmanes o menys, vivíem el mateix panorama. Què curiós això del toc de queda, recordo que la primera vegada que vaig veure aquest conjunt de paraules va ser quan llegia un llibre de ciència ficció, la veritat és que no m'hauria pogut pensar mai que em tocaria viure-ho en primera persona i encara menys, que m'hi arribaria a adaptar, que trobaria normal això d'estar sopant amb amigues, fora de casa, havent d'estar pendent de l'hora per no circular de forma il·legal, al segle

XXI, a partir de les deu. L'hora de les bruixes, del desplegament crucial del coronavirus, amb *nocturnitat i alevosia.*

Posteriorment, començaven a córrer rumors sobre treure el toc de queda, i jo, que no em volia il·lusionar, no m'ho acabava de creure. Tothom es va començar a preparar pel que significaria una tornada espectacular a l'oci nocturn, a estar-se tota la nit al carrer, celebrant el final de la restricció. M'emocionava la idea de poder tornar a casa tard. Suposo que l' emoció ens va vèncer, a tots, i mentre jo aquell dia, el 9 de maig de 2021, anava a dormir aviat, complint sense voler el toc de queda una vegada més com de costum perquè treballava l'endemà. Molta gent va sortir de casa, tocades les dotze, a la inversa que la ventafocs, a ser, o intentar sentir-se, lliure. Lliures de restriccions, de coronavirus, com si aquest no hagués existit. Tant, que la imatge que veia jo, l'endemà, m'entristia, i ens veia a nosaltres, els joves, com aquells principals culpables de la propagació del virus, per irresponsables, com el que ens portaven acusant des de feia molts mesos i em feia tanta ràbia veure-ho. Em vaig adonar que una nit de descontrol podia afavorir greument el contagi, així doncs, nosaltres som el… **futur?**

Futur?

Les mascaretes, de tots tipus i colors, reposen al fons d'un calaix rebregades i enganxades les unes amb les altres. Com pot ser que només faci dos anys? sembla que hagi passat una eternitat, o sembla que no ho hagi viscut jo, sento que és una història explicada que me l'he fet meva, com aquella anècdota graciosa que t'explica diverses vegades una amiga i l'acabes relatant al cap dels anys com si tu també l'haguessis viscuda. Ens hem anat oblidant de les rutines que vam crear, de les emocions que teníem *in situ*.

En prepandèmia, entenia el futur com allò que passaria d'aquí quatre anys, què faria en acabar la secundària, les pròximes vacances, el dia que assolís la majoria d'edat... I mirant-ho amb perspectiva, comparant les meves idees amb el que ha acabat sent, m'adono que havia estat idealitzant un camí que en realitat estava del tot desdibuixat.

M'agradaria en un futur seguir recordant com era el meu dia a dia d'aquests llargs mesos tan extraordinaris i diferents. Voldria que aquesta vivència quedés resguardada en la meva ment sense que el pas del temps l'alteri, que el com ho vaig viure no es dilueixi en les versions oficials dels mitjans. Mirar enrere, des de molt lluny, alleugereix la duresa de les situacions viscudes, es relativitza tot, s'endolceix.

Escric per deixar petjada del meu testimoni per a mi mateixa, per ser més conscient que ens hem fet més forts i, segons com, més dèbils. Els canvis normalment no agraden i menys quan són cap a pitjor. Érem els protagonistes d'aquesta història, davant d'una pausa indesitjable i imprevista que marcava l'inici d'un plot twist en majúscula.

El fet de tenir agendada la vida no significa tenir assegurat res del que acabarà arribant. I potser només ens queda afrontar-ho amb ganes i amb...

salut.

Agraïments

Aquest llibre ha estat possible gràcies a Gerard Brunet, per la seva dedicació en el disseny de la portada i contraportada, i per ser pacient davant de tots els meus canvis d'opinió. Maria Àngels Claramunt, per la traducció del llibre al castellà i per ajudar-me a polir el text. Al Ricard i la Laura, per la lectura i opinió al llarg de la creació del llibre. A les meves amigues i la meva parella, Marina, Núria i Lluc, pels seus ànims i ajuda en tots aquells aspectes on dubtava. I gràcies a totes aquelles persones que m'han inspirat dia a dia, i durant el confinament, nombrades indirectament i directa en els capítols del llibre. Finalment, a l'editorial Exlibric i a Antonio Ortega, per ajudar-me i impulsar-me a deixar constància dels meus pensaments durant aquest període històric que ens quedarà marcat per sempre.

Sobre l'autora

Cristina Purroy Claramunt, nascuda a Lleida l'any 1999, va estudiar i treballar de pastissera a Barcelona fins l'arribada de la pandèmia. Des d'aleshores, resideix a la seva ciutat natal i s'ha enfocat en la seva altra passió, la psicologia.

*A mi grupo burbuja, los de casa, por inspirarme día a día.
A Lluc, por ser mi apoyo pese a la distancia.
Y a mi abuela, que ojalá hubiese podido llegar a leerlo.*

BILLETE DE VUELTA

Índice

Salud

Mediados de marzo y empezábamos a vivir la excepción que se convertiría en norma, el desafío que todos esperábamos superar. Había días en los que despertaba de mal humor o cansada y sin saber muy bien por qué, a quién culpar o con quién enfadarme. O quizás sí, quizás le tocaba a quien presidía el momento, el rey que acaparaba toda la atención mundial: el virus que habíamos coronado.

Era duro todo lo que comportaba, estar en punto muerto rodeados de incertidumbre, sin saber qué vendría a continuación ni qué esperar. La tensión entre la ciudadanía aumentaba a la vez que la cifra de infectados. Al inicio parecía solo una gripe común, y los mensajes tranquilizadores nos hacían mirar para otro lado, restando importancia a la situación. Había llegado una enfermedad que nos traía muchos interrogantes, mucho trabajo en los hospitales y muy pocas respuestas. La esperanza se tambaleaba y la mirada de los profesionales transmitía a cada paso más temor.

¿Cómo tirar para delante? Nadie se puede preparar para algo que no entiende. Los que nos quedábamos en casa contábamos con la «suerte» de sentir la falsa seguridad de estar protegidos y parecía que no tuviéramos derecho a quejarnos, aun conviviendo con sentimientos de frustración al saber que tenías que estar alerta, de todos modos, para evitar necesitar atención médica. Cabía la posibilidad de que no te pudiesen atender por sobreocupación. Era frustrante descubrir el concepto de «hospitales colapsados», imaginarse en el peor de los casos y darse cuenta de que poco margen de maniobra tenías para poder ser atendido si no quedaban plazas. También era frustrante pensar que el virus había llegado a nuestras vidas sin que nadie antes hubiese podido poner remedio. ¿Cómo podía ser que aquel virus chino que acaparaba los boletines de noticias de todo el mundo nos dejara aislados en casa sin que nada ni nadie lo pudiese parar y se fuera colando por todos los rincones? ¿Cómo no se había podido evitar la catástrofe?

Predestinados a acabar dentro del recuento de infectados, el miedo era palpable. Cuando amanecía y despertabas con dolor de garganta, desde el primer momento ya te venías abajo pensando que el maldito virus te debía haber atrapado. Malestar, mareo, sudor frío, dolor muscular, cansancio… Pensar que el más mínimo síntoma que pudieras experimentar a partir de aquel marzo se podía convertir en un nuevo caso, si no te asustaba, te generaba sentimientos de culpa: culpable de haberlo pillado, culpable de propagarlo, culpable de contaminar a gente querida y vulnerable y no poder hacer nada para remediarlo, culpable de no haber tenido más cuidado. Todo este embrollo me causaba un dolor de cabeza tan grande que hacía que añadiera un síntoma más a la lista y me angustiaba más aún, si esto era posible.

Y, finalmente, cuando me atrapó, lo pasé como una gripe más, como un reclamo de descanso que me pedía el cuerpo. El histerismo que había ido cultivando durante aquel primer año de convivencia con el virus solo había servido para coleccionar test negativos e inquietud. Vivir bajo el lema de «manos, distancia y mascarilla» afectaba psíquicamente más de lo que podíamos prever. El cúmulo de emociones que generaba el COVID se hizo latente de forma acelerada y contundente, toda la maraña mental que suponía la situación excepcional que vivíamos era tan grande que tenías que tener la cabeza bien serena o ser un maestro zen para saber cómo llevar todo lo que rodeaba la pandemia.

La «sentencia de juicio» nos acompañaba, tener COVID implicaba que fueras considerada una persona apestada. Ya podías suponer, sin temor a equivocarte, posibles susurros acusadores o miradas inquisitorias y de desaprobación que mostraban el verdadero temor a ser los siguientes, cuando realmente no tenía nada que ver con nosotros. Desgraciadamente, no existía una lista de buenos y malos que marcara quién era más propenso a cogerlo, no había escapatoria, todos estábamos condenados.

Y así nació una envidia insana a lo que otros tenían y tú anhelabas: envidia de los sanos, de aquellos aún no confinados, del país que controlaba mejor a los infectados, de los que podían salir de casa, de los que podían campar en libertad, de los que más adelante pudieron prescindir del toque de queda. Se tenía envidia incluso del que falsificaba un certificado, de quien tenía las narices de saltarse las nuevas leyes impuestas por los Gobiernos para parar el virus. Se tenía envidia de la vida de antes, y no se veía nada claro que volviera jamás. ¿Envidia o rabia, qué era realmente?

La tranquilidad que venía a deshacer, en parte, tantas emociones negativas llegó en pequeñas dosis, de la mano de las vacunas. ¿Quién podía esperarse que aquel bien tan preciado traería controversias tan extremas, peleas familiares, bandos irreconciliables y desconfianza? Opiniones diametralmente opuestas que siguen generando inseguridades, temores o fe en que todo salga bien, por fin, y queriendo creer que la situación está controlada, que no se nos vuelva a escapar de las **manos.**

Manos

Tocar un microbio, por nimio que fuera, que pudiera dejar la puerta abierta al virus se había convertido en una obsesión; no tocar nada sospechoso, evitar el contacto directo con superficies y con otras personas. De repente, lo que nunca te había preocupado ahora te podía crear una angustia descomunal, daba asco imaginarse que lo que estabas tocando podía haber estado en manos de otra persona, infectada quizás. Y ni imaginar soplar las velas en lo alto de un pastel, podías estar contaminando el dulce con mil microorganismos perjudiciales. Todo este sufrimiento a raíz del miedo al contagio se reflejaba en los disfraces que la gente se montaba intentando reproducir de alguna manera los EPI para sentirse más seguros cuando no tenían más remedio que salir a la calle las primeras semanas; allí se demostraba quién tenía verdadero ingenio y quién estaba totalmente desorientado. En todo caso, ambos dejaban imágenes memorables para la prosperidad, desde máscaras hechas con garrafas de agua hasta cartones simulando un disfraz de avión para asegurar la distancia de seguridad.

Así pues, el único remedio más o menos fiable para no tocar nada sospechoso eran los guantes, que haciéndonos sentir más lejos del virus se convirtieron rápidamente en un objeto indispensable, altamente solicitado y, por tanto, difícil de encontrar: se agotaron en todo el planeta. Incluso nos reenviábamos vídeos de cómo sacarnos los ya famosos guantes de látex sin contaminarnos. Recaudando guantes de allí donde podíamos, como en la entrada de los supermercados, fuimos proveyéndonos de protecciones y nos sentíamos como verdaderos cirujanos saliendo de una larga operación llegando a casa, agotados y sacándonoslos siguiendo complejas instrucciones.

Nos fuimos concienciando de la necesidad de alejarnos del virus, de todo el riesgo posible, y junto a esto, con la llegada de esta obsesión por mantener las distancias, totalmente comprensible, teníamos que decir adiós a todo contacto humano. En aquel momento de debilidad, de poder extrañar una caricia, un abrazo o los inocentes dos besos que podían caracterizar cualquier encuentro, me topaba con la mirada de mi perra, mi consuelo, el momento donde podía sentirme próxima, encontrarle el sentido en el tacto sin ningún tipo de barrera. Los antagonistas del aislamiento, los animales de casa, acompañantes incondicionales de nuestra ya característica soledad. Qué placer poder tocar y sentir, poder reencontrar el contacto piel con piel adaptado a estos nuevos tiempos, creando un vínculo con los animales, considerados un miembro más de la familia, que ayudaban a sobrellevar la situación.

No recuerdo cuándo cambió o cuándo se decidió que los guantes no eran una buena solución para alejarnos del virus, que nos producían una falsa idea de protección, que no eran útiles y que era mucho mejor y seguro el hidrogel acompañado de una rutina de lavado de manos. Allí todo cambió, sobre todo para nuestras manos, debido al repetido uso de aquel líquido viscoso de olores tan característicos, pero a la vez diferentes, hasta un punto repugnante, que hacía que nuestras manos quedaran cada vez más blancas, con más pielecitas y con una sensación de escozor por la sequedad que producía su uso continuo.

Hasta hoy, al habernos adaptado y al haber conseguido recuperar nuestras manos gracias a profundas hidrataciones, todavía nos quedan recordatorios advirtiéndonos de que todo esto no ha acabado, en formato de botellita de hidrogel que guardamos en el bolso o de estructuras dispensadoras montadas en la entrada de cualquier comercio acompañadas, generalmente, de un trabajador que, como un guardia, se encarga de recordarte que te tienes que poner necesariamente aquel líquido antes de entrar.

Las manos, esta parte del cuerpo que nos acerca al otro, que nos hace percibir el mundo a través del tacto, quedaban inhabilitadas para uno de sus roles más humanos, y era extraño, porque el resto de nuestro cuerpo seguía expuesto directamente al virus. Y llegaba, para quedarse, la **distancia.**

Distancia

Hace unos años nos reíamos ante la idea de que pudiera pasar una desgracia que parara o acabara con el mundo tal como lo conocíamos. Los más creativos escribían libros o rodaban películas sobre esta hipótesis que considerábamos tan improbable. Y ahora, que hemos sentido el fin más próximo que nunca, viendo ese marzo como el mes apocalíptico y habiéndolo podido superar, me planteo qué me gustaría estar haciendo cuando llegara el susodicho fin del mundo.

Mi respuesta antes de que pasara todo ya iba enfocada al *carpe diem*, pero ahora, después de todo, lo reafirmo con más fuerza. Si el fin del mundo llegara, no me gustaría que me encontrara en horario laboral ni estudiando, me gustaría estar relajada, en mi tiempo libre y… «¡que nos quiten lo *bailao*!».

El tiempo de ocio por aquel entonces, si le hubiéramos podido poner un precio, hubiera sido similar al del oro: la demanda era elevadísima, pero las posibilidades escasas. Tiempo libre y compañía son para mí dos conceptos estrechamente ligados. El tiempo en libertad lo utilizo para compartirlo con amigos, familia o pareja, me gusta desconectar entre conversaciones que empiezan como una inocente «puesta al día» y acaban derivando a suposiciones místicas sobre qué hemos venido a hacer en este mundo o si hay vida en Marte. Lo que nos acompañaba entonces eran restricciones y más restricciones, no salíamos de una que ya se diseñaba la próxima con una única finalidad: la distancia. ¿Nos tomamos un café? ¿Una cerveza? El acto más banal era considerado una locura. Acercarnos a otras personas para desconectar y cargar pilas se convirtió en un foco peligroso a evitar, cuando es tan necesario.

Se dice que la mitad de brotes los causan los encuentros con familiares y amigos, así que, por lógica, desde el primer momento en que vimos los primeros indicios de libertad y todo el mundo tenía la gran necesidad de reencuentros, se estableció un seguimiento de normas, que nos acompañaron largos meses poniendo a raya el tiempo de ocio. Al principio, los encuentros eran al aire libre. En aquel momento, a la mayoría de la gente le aterrorizaba exponerse al virus en una terraza de un bar, y cuando menos, la mitad de negocios seguían esperando a que todo mejorara para sacar los empleados del ERTE y abrir de nuevo. Después de reclamar durante meses que los restaurantes y bares abrieran hasta más tarde, estaba claro que el cierre a media tarde de los establecimientos había sido una jugada en contra de la vida social en toda regla.

Pero cuando parecía que estábamos viendo el primer rayo de luz en medio de la tormenta, jugaron la carta de los límites, entre grupos de amigos, de horarios, de grupos burbuja…, en fin, de la vida compartida, volviendo a aquel verano extraño donde si eras el afortunado que tenía una pandilla muy numerosa, tenías que hacer selección de candidatos para ver quiénes serían los seis a los que les tocara la ruleta de poder salir de casa y hacer la quedada. Aparecieron volando mil chistes en redes burlándose de qué sería del séptimo miembro del grupo de amigos. Está claro, esto, con los mil brotes que han ido caracterizando toda la evolución de la pandemia, hizo que los límites llegaran hasta el punto de establecer la necesidad de crear subgrupos, ya fuera para compartir coche o para ir a comer, puesto que existía la obligación de separarnos en dos mesas si el grupo era mayor de cuatro, y crear así una comunicación que nos hacía revivir el juego del teléfono, donde la información que se decía en una mesa llegaba tergiversada a la otra.

Como llevo pensando desde que el COVID-19 llegó inesperadamente a nuestras vidas, el concepto de adaptarse o quedarse atrás se ha instaurado como filosofía de vida, y es que, en épocas difíciles, se hace patente qué amistades son las verdaderas, las que se mantienen vivas después de una etapa cambiante, como cuando te rompen el corazón por primera vez. Te percatas claramente de qué amistades te apoyan y están a tu lado cuando te sientes más sola, las que valen oro, en tiempos de pandemia y de pospandemia. Así es como me he sentido durante este periodo, he perdido amistades, el contacto de algunos amigos que pensaba que serían de por vida, pero que en la distancia inevitable se han vuelto efímeros. También he hecho nuevas amistades, he reforzado otras o las he valorado mucho más. Ha sido muy bonito vivir la sensación de después de una de estas quedadas difíciles, por no decir casi imposibles, donde nos habíamos estrujado el cerebro para no incumplir ninguna norma y no correr ningún riesgo, con varios mensajes al móvil diciéndonos «gracias» por el grupo, por haber pasado un buen rato compartido, por haber reído y haber tenido un tiempo de ocio de calidad. Se generaba un ambiente especial que hacía que todavía quisiéramos repetir con más ganas esta odisea de emociones de forma conjunta, porque aunque parezca difícil de creer, adentrada en el siglo XXI, no soy capaz de sustituir el directo. Se me ha hecho más evidente si cabe que no tiene el mismo impacto una pantalla que una cara, aunque esté tapada por una **mascarilla.**

Mascarilla

En una época en la que los saludos y los reencuentros estaban censurados por una mascarilla y la distancia, solo nos quedaba darnos la bienvenida a través de unos ojos achinados que insinuaban una sonrisa. La fisionomía cambia mucho con mascarilla o sin ella. No hace mucho, emitían un programa en televisión donde tapaban una parte del cuerpo de una persona y tenías que adivinar cómo era. Por ejemplo, tapaban las piernas y tenías que adivinar si eran altos o bajos, si estaban encima de un taburete o no. Pues entonces pasaba algo similar. Cuando conocías a una persona, tenías que intuir cómo continuaba su rostro desde el punto donde la nariz desaparecía. Todos nos convertimos en actores, teníamos que hacer unas expresiones mucho más exageradas para que nuestro interlocutor nos entendiera dentro de la comunicación no verbal que nos acompañaba en el día a día. La famosa mascarilla, nuestra aliada o nuestra peor enemiga, la causante de un acné terrible que mil tutoriales especializados nos han ayudado a minimizar o el nuevo accesorio de moda, en todas las formas y colores posibles, que encontrábamos en toda tienda que pudo mantenerse abierta.

En un primer momento, solo los que considerábamos más exagerados la llevaban y las autoridades decían que no hacía falta. Cuando la situación estaba empeorando por instantes, casi ni los profesionales podían permitirse cambiársela cada día. Incluso hace unos años, cuando la llevaba algún extranjero por la calle, lo mirábamos de reojo y cuchicheábamos la rareza de la situación.

Entonces pasó al contrario, cuando veíamos a una persona por la calle sin ella, todo el mundo se giraba, miraba raro, incluso la reñían por insolidaria.

En verano molestaba, daba calor. Llevábamos poco tiempo pudiendo salir de casa. Los que no nos dedicábamos a los trabajos esenciales y habíamos estado en ERTE, en el paro o teletrabajando, no estábamos acostumbrados a llevarla más de una hora y maldecíamos aquel indignante accesorio que nos obligaban a llevar cada vez que no estábamos dentro de casa o sentados en un restaurante, con nuestra burbuja. Y no nos la sabíamos poner, o no queríamos ponérnosla bien, era incómoda, nos la dejábamos y, en definitiva, era un dolor de cabeza.

En invierno, con el frío y con la nariz abrigada, nos acostumbramos. Ya hacía tiempo que duraba la cosa y como que no daban señales de tener intención de acabar con su uso a corto plazo. Nos fuimos comprando más accesorios que complementaban la mascarilla: unos hilos que las hacían parecer joyas, collares, para evitar su pérdida cuando te la quitabas, o un tipo de plásticos que enganchaban los dos hilos y así no te dolían las orejas, que hacían que, en definitiva, fuera más cómoda la experiencia de tener que llevar todo el día la boca tapada.

Mucha gente aprovechó esta situación y le dio la vuelta. De este modo, la mascarilla no solo se convirtió en un complemento vital y necesario para evitar posibles contagios o para evitar una posible multa, sino que nos ayudó a muchos a tapar todas aquellas inseguridades que no queríamos mostrar. De hecho, hace poco leí que habían aumentado las cirugías y retoques estéticos posconfinamiento. Está claro, teniendo la maravillosa aliada capaz de ocultar varios tratamientos de mejora que nos podíamos hacer, ¿por qué no? Solamente teniendo que mostrar los ojos, la mascarilla puede hacer la función perfecta de cortina, ocultando aquello que está en obras, como si fuéramos un edificio en reformas que quiere estar reluciente cuando se pueda volver a mostrar al público.

La importancia de los ojos aumentó. Por la calle nos fijábamos en las miradas, cuando estábamos con los amigos también, nos volvimos más cómplices, más observadores. Cuando te hacen cubrir la mitad de tu cara, la parte que queda destapada se hace valorar más. Aun así, supongo que también hay una parte negativa en esta historia que nos ha tocado vivir: no me imagino lo que debe de ser estar en un hospital, donde lo único que puedes ver de las otras personas, las pocas que pueden entrar a cuidarte, sean los ojos, miradas que identificas a nombres escritos en los EPI o en la tarjeta del sanitario que te está atendiendo, o tener que ir a trabajar en un turno de no sé cuántas horas respirando a través de dos mascarillas, o transmitir a viva voz, gritando a través de un filtro, unos conocimientos a jóvenes, adolescentes y niños que viven una realidad que les cuesta entender, a pesar de estar constantemente **conectados.**

Conectados

Menos mal que una de las pandemias más contundentes que ha marcado la historia, la que llevamos viviendo desde 2020, ha pasado en pleno siglo XXI. ¿Cómo habría sido experimentar estar en casa, saber qué está pasando, los anuncios del Gobierno y la distancia colectiva sin la existencia de la era digital?

Gracias a internet y a la conexión en casa, nos hemos librado de vivir un verdadero y total aislamiento, una experiencia digna de *Gran Hermano*. Tener que vivir toda esta peripecia llamada pandemia en 1918, por ejemplo, como a los pobres que les tocó convivir con la gripe española, una situación que si nos la pudieran contar los afectados, nos sonaría de lo más familiar a estas alturas.

No pasaban ni veinticuatro horas desde que anunciaban el cierre perimetral y el confinamiento total y ya todos nuestros «creadores de contenido», es decir, los conocidos *influencers*, empezaban a vivir la que fue su mejor época laboral, una subida exponencial de seguidores dispuestos a disfrutar de todo su contenido a todas horas. La gente necesitaba entretenimiento, y ellos, sin poder salir de casa, solo nos podían dar lo que pedíamos. Los famosos, las *celebrities*, aquellos que parecían inalcanzables estaban viviendo lo mismo que nosotros, y muchos actuaban como nosotros, sin poder hacer viajes, teletrabajando, sin poder salir de casa… Lo más curioso y fantástico vino cuando la cosa se iba alargando, y fueras quien fueses y te dedicaras a lo que te dedicases, aquel periodo se convirtió en un concurso de talentos donde todo el mundo tenía oportunidad de brillar. Las redes sociales explotaban con mil vídeos, directos, videoconferencias o lo que fuera que la gente supiera hacer… o no. Que se creasen retos donde todo el mundo se uniera a participar no era normal y lo acabó siendo. Grandes profesionales, como chefs de estrella Michelin, cantantes internacionales de pop o los mejores psicólogos del país, grabando vídeos desde su casa y generando contenido gratuito para nosotros con la finalidad de pasar un buen rato, aprender, reír o emocionarnos. Qué gran joya haber podido vivirlo en primera persona, se palpaban las ganas de crear situaciones positivas dentro de un estado de alarma mundial.

Fue el tiempo perfecto para sacarle todo el jugo a la era de la información, había llegado la hora de descubrir todas aquellas aplicaciones que teníamos al alcance, pero a las que no les habíamos prestado demasiada atención, por falta de tiempo o de ganas o por desconocimiento, para conocer gente, probar trucos, descubrir tendencias, seguir una coreografía… Cosas que nunca te habrías imaginado que harías a través de una pantalla, pero que, debido a la situación, era lo mínimo que se podía hacer para adaptarse al momento surrealista que estábamos viviendo. A mí me hizo sentir más próxima a toda esa gente a la que seguía hacía años, la que parece que conoces de toda la vida, pero que no has visto nunca. También me sentí cercana a la gente que sí que conocía y se animaba a colgar contenido de su día a día. Las redes sociales supieron pescar los efectos socialmente positivos que animaban y acercaban a la gente cuando más aislados y solos nos podíamos sentir. Como vimos con el caso de las enfermeras, que se hicieron virales por ser las encargadas de poner en contacto a familiares que se encontraban hospitalizados con los de casa a través de la pantalla del móvil.

Siempre se ha comentado que el aburrimiento es una fuente de creatividad, y vivirlo de forma extrema nos lo hizo corroborar. Después de la explosión de contenido que se creó en aquellos meses, han salido ocurrencias increíbles que hemos podido continuar disfrutando posconfinamiento. Fueron escritos montones de libros, mucha música nueva fue creada, también nuevos proyectos y exposiciones que seguro que, si mientras lo vivíamos ya nos impactaban, dentro de unos años serán increíbles. De alguna manera, todos encerrados, irónicamente, nos sentíamos libres de crear cualquier cosa. Lo que hace el tiempo, que cuando lo tenemos somos o nos creemos capaces de todo, y cuando no lo tenemos, quizás nos olvidamos de lo esencial.

Entristece pensar que toda esta creación de contenido ha disminuido al volver a reactivar nuestras vidas y que la gente está demasiado ocupada. Incluso ahora, cuando cojo el móvil, recuerdo la emoción que sentía al tener tiempo ilimitado para el entretenimiento, para poder ir reduciendo todo el listado de series y películas por ver, a la carta, las ganas de apuntarme a diferentes cursos en línea, incluso aquellos que aseguraban un nuevo estilo de vida y requerían sacar el polvo del **chándal.**

Chándal

El nuevo *outfit* de moda, ropa de andar por casa, cómoda, tipo chándal, para acompañarnos en jornadas de poca actividad física. Un día más, me levantaba tarde porque me costaba dormirme la noche anterior. Antes estaba acostumbrada a un ritmo de vida muy activo, a trabajar ocho horas de pie, arriba y abajo, sin parar, ir andando a todas partes, hacer más de diez mil pasos diarios e ir al gimnasio. Ante la nueva situación, pensaba: «Por dos semanas de descanso no me pasará nada». A mí, que he sido una persona que no me he caracterizado nunca, precisamente, por ser muy deportista, me costaba muy poco tirarme y abandonarme al descanso absoluto, y me encontré en un sedentarismo al cual mi cuerpo se adaptó demasiado fácilmente.

Todo iba bien, mi plan de descanso absoluto se estaba cumpliendo a la perfección, hasta que un día mi cuerpo, pidiendo ayuda, dijo basta de forma extremadamente dolorosa: mediante las cervicales. Veía las estrellas, cada vez que quería levantarme o hacer el mínimo movimiento me sentía como si tuviera ochenta años y el peso de la vida se me acumulara en aquella zona del cuerpo. Después de varios masajes con crema terapéutica y cataplasmas que actúan directamente en el dolor, más medicamento, vi que mi nuevo estilo de vida, adoptado recientemente, tenía que cambiar radicalmente.

Lo que recomendaban por las redes y los entendidos en la salud era claro: deporte, ejercicio, movimiento. Ejercicio adaptado a realizar en espacios interiores reducidos, en el hogar, con botellas de agua como recurso para hacer pesas, si es que no disponías de material deportivo adecuado, o una alfombra para sustituir la esterilla para hacer los estiramientos pertinentes. El *gym* virtual empezaba a estar de moda, y la gente se dividía en dos grupos muy diferenciados, los sedentarios, que, como yo, buscaban cualquier excusa para aplazar cualquier tipo de ejercicio, y los que aprovecharon la cuarentena para ponerse más en forma que nunca, mental y físicamente. Me costaba entender al grupo contrario. Con tantas preocupaciones que me nublaban la mente, ¿cómo tenía que hacer todavía más de lo que mi cuerpo pensaba que podía aguantar?

Los días y semanas fueron pasando, y viendo los problemas que me causaba mi nueva vida tan sedentaria —un cansancio profundo con solo subir las escaleras más de dos veces al día—, decidí ponerle remedio, adentrarme en el mundo del deporte. Y me sentí orgullosa de dar sentido a aquella ropa de deporte que se había convertido en mi uniforme desde el 13 de marzo; aquellas prendas de ropa se pondrían a ejecutar la función por la cual habían sido diseñadas: la actividad física. Aunque fue difícil emprender los primeros días de acción, me obligaba a hacer unos quince minutos diarios. No era lo ideal, ni mucho menos, pero poco a poco se fue convirtiendo en un hábito. Para ser la antítesis de la palabra *atleta*, no estaba mal.

Y con las mías, eran millones más de visitas diarias que seguíamos el mismo vídeo de YouTube para ejercitarnos, y reconozco que ayudaba, sobre todo para hacer bajar todos los efectos secundarios de la subida exponencial del consumo de **harina.**

Harina

Al principio fue el papel higiénico, después la harina, la levadura, la mantequilla… Nunca había visto ni oído lo que estaba sucediendo en los supermercados. Twitter estaba lleno de fotografías que alarmaban mostrando unos estantes que se estaban quedando vacíos y colas gigantes similares a las de un concierto, que hacían sentir la histeria de la gente ante una situación tan inverosímil como la que se estaba desencadenando. Ahora, después de un tiempo, intento volver a la mentalidad que podía tener en prepandemia, preguntándome qué locura es que de repente la gente tenga esta desazón por los supermercados, parece cosa de una serie de Netflix: ¿supermercados sin abastecimiento?, ¿gente haciendo cola para entrar?

Recuerdo esperar con emoción e ilusión a mi padre, de los pocos de casa que salía en aquel oscuro marzo, para que, por un lado, nos explicara con detalle cómo había sido la aventura de ir al supermercado y, por otro, para que nos trajera las *delicatessen* que le pedíamos en la lista de la compra. ¿Emocionante? ¡Por supuesto! Durante la salida, él había tenido contacto con gente, cosa que nosotros no. Hacía semanas que solo nos relacionábamos con caras muy conocidas, las de casa, el preciado núcleo familiar. Y es que por muy increíble que pareciera en un principio, y lo inconcebible que pueda llegar a parecer al explicarlo como un recuerdo lejano, las salidas al supermercado eran un cúmulo de emociones e, incluso, un ritual.

Antes que nada, la explicación: «¿A quién has visto? ¿Cómo iba la gente?». Los primeros días había mucha cola, mucha gente y silencio, todo muy extraño. No estábamos acostumbrados a llevar mascarilla, primero era obligatorio ponerse guantes, después ya no, todo el mundo iba perdido, y las pobres dependientas, asustadas. En un momento de crisis donde ni en los hospitales podían conseguir el material necesario, las cajeras y dependientas de los supermercados eran de las personas más relevantes y vulnerables, puesto que tenían que estar expuestas a todo, a todo el mundo y, especialmente, al creador de toda la situación, el virus.

Después llegaba el momento de la desinfección. Nos poníamos toda la familia en cadena a limpiar todos los productos que teníamos que guardar en la despensa de casa, uno enjabonaba, otro enjuagaba, otro secaba y el último guardaba los productos en su lugar. Suerte que en casa somos cinco y que el sistema de trabajo en cadena funcionaba a la perfección. Cómo ha cambiado todo, no recuerdo el momento en el que nos relajamos y dejamos de lado el ritual de desinfectar las provisiones.

Ahora bien, toda esta aventura parece divertida, pero en aquel momento no podíamos evitar sentir una frustración enorme cuando, al remover las bolsas, no encontrábamos aquello que habíamos estado esperando con ansia por falta de abastecimiento en el supermercado. De golpe parecía que las ganas de dulce y, sobre todo, de cocinar se despertaban en casi toda la población, y a mí, que desde muy pequeña me había gustado cocinar y lo había convertido en lo que ahora sigue siendo mi profesión, me emocionaba saber que el amor hacia la repostería en una situación de alarma se extendía como la pólvora. Siempre se ha relacionado el dulce con la celebración, la fiesta, y quizás era lo que mucha gente necesitaba en aquel momento, un poco de alegría y hacer como si todo fuera normal, compartiendo unos postres en familia para poder vivir una realidad paralela decorada de forma deliciosa.

Y ahora volvemos a tener el estante de las harinas lleno y quizás no lo valoramos tanto, ya no tenemos tiempo de entrar en la cocina y ponernos a elaborar recetas, nos da pereza; mejor comprar directamente algo horneado. Ya no nos hace falta rogar por un paquete de levadura, porque la magia de elaborar pan se ha evaporado al ver el gran alcance y las miles de modalidades que a poco precio podemos conseguir en el supermercado. Las rutinas, divertidas pero que acababan siendo pesadas, se quedarán en un recuerdo.

Solo en una de las varias olas que hemos vivido después de la llegada del virus, cuando avisaban de que cerraban restaurantes, volví a sentirme como en aquellas primeras salidas que parecían una aventura de exploración en un territorio desconocido, en medio de una cola de gente que esperaba su turno para arrasar una vez más las estanterías. Me transportaba de nuevo al significado que le había otorgado a los supermercados durante toda la etapa de hibernación, donde te podías encontrar desde peleas por papel higiénico hasta mascarillas improvisadas que apenas filtraban el **aire.**

Aire

Respirar y sentirse afortunado de no tener problema para poder hacerlo, sensación de libertad, por fin, al salir de casa. Algunos teníamos la suerte de vivir rodeados de naturaleza, como en mi caso. Pasar el confinamiento domiciliario en la casa que me había visto crecer me permitía tener acceso al aire libre al por mayor.

Durante las tardes de descanso, después de toda la mañana teletrabajando, toda la familia salíamos como lagartos a absorber el mínimo rayo de sol que veíamos. De pequeñas, mi madre siempre nos insistía en que saliéramos al aire libre, a la naturaleza y tomar mucho el sol porque estábamos demasiadas horas encerradas. Mi hermana y yo nos mirábamos y refunfuñábamos hasta que le acabábamos haciendo caso. Se necesitó una pandemia mundial para que a mi madre no le hiciera falta insistir y nos naciera a nosotras mismas este amor por el aire libre, por salir de casa, aunque fuera al jardín, a respirar y a estar en contacto con el verde para desconectar.

Demasiada gente no tuvo esta suerte. El primer día que empezaban a disminuir las restricciones que marcaban los grupos de edad por horarios de salida, se veían imágenes de oleadas de gente paseando por la Barceloneta. Tantas personas teniéndose que confinar en un piso minúsculo, sin ni siquiera balcón, o en lugares que no consideraban su «hogar», como en una jaula encerrados, aferrados a la mínima oportunidad de escapar de la madriguera.

La prensa hacía eco diariamente en los titulares: «Éxodo hacia la playa y la montaña para tomar aire después del confinamiento».

La imagen de unos sanitarios sacando a un enfermo del hospital para que viera el mar después de tantísimos días grave, encerrado en la uci, se hizo viral y nos hizo tomar todavía más conciencia del poder curativo de estas salidas. Escapadas con hora de caducidad. Después de todo lo que hemos vivido desde que se detectó el primer caso, del cúmulo de emociones, la ansiedad, la incertidumbre y la angustia, ahora cada vez somos más conscientes de la necesidad de tomar aire.

Cumplido el primer año de la situación que ha ocupado la mayoría de nuestras conversaciones y preocupaciones, unas vacaciones, o veranear en otra comunidad autónoma, se volvió vital. Lo que antes considerábamos normal se ha convertido en tan excepcional como absolutamente necesario. Algunas de las cosas que podremos agradecer a la pandemia serán el culto a la vida al aire libre, la necesidad de andar libres, salir al aire puro, sobre todo aquellos que en precovid no lo apreciábamos.

También hemos acabado relacionando el aire libre con la seguridad de no infectarnos, puesto que desde un primer momento fue el único espacio donde nos podíamos reencontrar con aquellos a quienes no veíamos desde hacía meses. Los lugares al descubierto, como las terrazas de los bares y restaurantes, fueron donde primero se permitió que nos reuniéramos. La calma que nos transmitía estar «en libertad», sin paredes ni techo, después de haber aborrecido cada rincón de nuestra casa, era de agradecer.

A pesar de que podríamos definir perfectamente la época del cierre como un periodo oscuro, no solo por todas las secuelas mentales que podría acabar derivando, sino también por el hecho de tener escasa luz natural, le hicimos un gran favor a nuestra apreciada naturaleza. El aire puro, que valoramos tanto hoy en día, únicamente necesitó unos días de «descanso humano» para bajar relativamente los niveles altísimos de contaminación que se estaban convirtiendo en insostenibles para nuestro planeta. La noticia de los jabalíes que paseaban por Barcelona a sus anchas, el aumento de los animales que habían bajado de Collserola y que ocupaban las vías que acostumbraban a ser de las más transitadas de la ciudad, hacía evidente la invasión de la vida salvaje en la civilización. Mucha fauna se encargaba de volver a ocupar sus lugares de origen, donde desde hacía décadas se habían instaurado carreteras, mientras nosotros nos dedicábamos a incrementar las autopistas digitales, las redes sociales e incontables **videollamadas.**

Videollamadas

Contrariamente a lo que esperábamos cuando nos comíamos las uvas dando la bienvenida al 2020, idealizando lo que nos esperaba, haciendo listas llenas de deseos, objetivos, rodeados de amigos, familiares o desconocidos, el nuevo año nos sorprendió, y mucho, pero negativamente. Encerrados, con escasa libertad, derechos restringidos, asustados y, de alguna forma, también atrapados. Quién me habría dicho a mí, y a la gran cantidad de gente que llenaba plaza España aquel 31 de diciembre de 2019, que estábamos dando la bienvenida a un año histórico y que tardaríamos mucho tiempo en volver a ver tantas caras en directo. Irónicamente, en 2020, la era en la que muchos preveían los mayores avances tecnológicos, donde la revolución total llegaría, el año redondo…, este nos dejaría totalmente en ascuas, devastados.

Así pues, a medida que iban pasando los días y primeros meses del año, nos fuimos dando cuenta de que no se trataba de un año ordinario. Recuerdo que cada mes se anunciaba una nueva catástrofe, hasta que llegamos al que sería el monotema que marcaría un antes y un después en nuestra normalidad.

Desde pequeña he sido siempre muy independiente, he ido mucho a mi aire y al ser una persona con iniciativa, pocas veces me enfrentaba al «no hacer nada». Constantemente encontraba una actividad para hacer y cuando me apetecía descansar, también me sabía adaptar. No me cuesta reconocer que cuando he tenido épocas de ansiedad o algunos episodios de mucho estrés, me iba bien distraerme haciendo diferentes actividades, ver a amigos o pasar un rato fuera de casa. Las personas como yo, adictas a las actividades, a tener mil planes y a tener la agenda llena, nos enfrentábamos a la nada.

Encontrarse frente a frente con la soledad es difícil, y cuando nos vimos rodeados por ella, adentrados en una crisis sanitaria a nivel mundial que no sabíamos por dónde nos volvería a sorprender, intentábamos entretenernos con cualquier cosa.

Sin opciones de pasatiempo a las que solía recorrer antes cuando intentaba combatir el sentimiento de soledad y viendo que la situación excepcional pasaba a ser rutinaria, sumado a tener que enfrentarme cada semana a una serie de páginas de agenda vacías de forma indefinida, sentía una desazón indescriptible, y a pesar de que se han visto comunidades de vecinos con ganas de hacer piña, balcones llenos de gente haciendo actividades conjuntas de forma distanciada y amistades creadas a raíz de la pandemia, había momentos en que era inevitable sentirse solo. No hace falta estar totalmente aislado para experimentar la soledad, pero tener que soportar una pandemia mundial en primera persona es claramente un factor que la intensifica.

Llegados a cierto punto de la pandemia, aquellos días grises, en los que solo con abrir las noticias ya escuchábamos que alargaban una vez más el estado de alarma, desesperados por la necesidad imperiosa de tener contacto con gente externa, nos vimos obligados a buscar opciones. Y las videollamadas pasaron a ser el pan de cada día.

Primero, anheladas, divertidas. Tenía cierta gracia ver a los amigos después de tanto tiempo ante una situación tan estrafalaria que no nos hubiéramos imaginado nunca que viviríamos, para comentar los acontecimientos, también para ir descubriendo juntos aplicaciones que nos permitían estar más conectados que nunca jugando a juegos mientras nos veíamos en pantalla, para pasar el rato de forma diferente, de forma telemática. Después le empezamos a coger el gusto y lo generalizamos: ahora quedamos para hacer el vermut, ahora intentamos hacer una fiesta, recrear un *challenge,* hacer un *escape room* en línea… Vaya, planes no nos faltaban.

Al final, las llamadas eran como una obra de teatro. Había cierto *backstage* donde te preparabas para la acción, la situación donde te ubicabas, el motivo para sacarte el chándal y convertirlo en un momento especial, e incluso contabas con algún fallo del directo, como era usual, debido a la mala conexión.

Por primera vez en la vida, estábamos conectados única y exclusivamente por vía electrónica. Y no sé si fue debido a los dolores de cabeza con los que acababas cuando cerrabas la conexión, o gracias a los gritos de quienes todavía no controlábamos del todo la mecánica de las videollamadas, o por el mareo por tener que estar pendiente de tantas cosas a la vez, como de que te escucharan bien, que la iluminación fuera correcta, el ángulo también…, que acabamos intentando evitar como fuera tener que enfrentarnos otra vez a ese *link* que nos invitaba a compartir tiempo en pantalla con caras conocidas.

Después de horas de clases en línea, teletrabajo o tener concertadas varias videollamadas por día, que requerían preparación y múltiples exposiciones a las pantallas, quedamos muy hartos de tecnología. Las quedadas y los reencuentros son mucho mejores en persona, donde no haya fallos de conexión y nos podamos mirar sin filtros, en 3D, y comunicarnos de la forma más humana posible, con el lenguaje próximo que nos hace vibrar y disfrutar de la gente, quererla, aquello que nos hace sentir cercanos y que solemos llamar **amor.**

Amor

Era evidente que tanto el amor como las relaciones sociales se habían visto profundamente afectados dentro de este escenario. La mayoría contábamos con conexión a todas horas, pero no estábamos preparados para relacionarnos a distancia de forma exclusiva, incluso tratándose de municipios vecinos. Se hacía difícil de entender y de llevar. En definitiva, se generaba una gran frustración debido a los efectos secundarios de las malditas fronteras municipales.

Una distancia que te alejaba de la gente a quien querías, que te arrebataba experimentar los momentos que tocaban ser vividos, que ponía patas arriba tu día a día…Y todo ello se hacía muy difícil.

Cada vez es menos habitual emparejarse con gente de tu entorno próximo, como habían hecho nuestros abuelos; ellos no contaban con tanta facilidad de comunicación como tenemos ahora. En la actualidad, los 2.0 ya hemos convertido en usual enamorarnos de personas de fuera de nuestro entorno geográfico: Erasmus, viajes, la red y las aplicaciones para encontrar pareja han abierto el radio de contactos y las relaciones se han vuelto más internacionales que nunca. Por esta razón, a pesar del hecho de vivir en comarcas o municipios diferentes, con las buenas conexiones con las que contamos, estos vecinos no se nos antojaban tan distantes. La pandemia nos ha hecho conscientes de esta evolución con un retroceso repentino al siglo pasado.

Echar de menos, la emoción más potente y recurrente durante toda la pandemia. Eché de menos muchas cosas, pero dejar de tener contacto directo con las personas que quieres, fuera de tu burbuja, fue una de las experiencias más duras del confinamiento. Una nueva llamada, una foto, una videoconferencia, otro mensaje de buenos días como notificación al abrir el móvil marcaba el inicio de otro día más que nos acercaba al momento de poder volver a estar juntos.

En un principio, los ánimos no decaían porque lo vivíamos como una novedad que nos afectaba a todos, aquello del «mal de muchos…». Pero a medida que se iban abriendo las fronteras, la envidia crecía hacia aquellos afortunados que tenían pareja y amigos o familia extensa en el mismo municipio. Saber que no eras la única que estaba aislada en casa y sentir que no podías hacer nada al respecto consolaba, te dejaba tranquila, pero las cosas cambiaban al ver que otros podían rehacer los contactos mucho antes que tú. Darse cuenta de que la situación se prolongaba indefinidamente, sin poder prever el final, hacía que el desasosiego y la frustración nos ahogaran. Fue cuando empezamos a avistar los problemas psicológicos que ocasionarían en las personas, especialmente en los jóvenes, las medidas sanitarias y políticas establecidas, por una larga temporada.

Este distanciamiento forzado afectaría nuestras relaciones, sobre todo de aquellas parejas que ya vivían juntas y se encontraban con lo que era una convivencia de verdad llevada al extremo. Bromeábamos con el número disparado de divorcios que ocasionaría la sobreexposición de horas compartidas. O con el *baby boom* que estallaría más tarde. Al final, desgraciadamente, se cumplió mucho más la primera suposición que la segunda. Pero a mi alrededor fue a la inversa: se consolidaron relaciones y, además, dimos la bienvenida a Ofelia, la hija de una amiga, al cumplir un año del confinamiento. Qué suerte que triunfara el amor, ampliando el **grupo burbuja.**

Grupo burbuja

Los de casa me esperaban para que volviera de Barcelona aquel 13 de marzo. Una vez escuchadas las noticias, decidí volver a mi lugar seguro, mi hogar, por lo que pudiera pasar. Mi padre me recogió en la estación y me informó de las instrucciones que mi madre había dado sobre lo que tenía que hacer al llegar: dejar los zapatos fuera, sacarme toda la ropa en la entrada, ducharme a fondo, ventilar todo lo que llevaba en la maleta… La maleta que me había preparado por quince días deprisa y corriendo, y ¡ay, dónde quedaron esos quince días!

Hacía tiempo que no estábamos todos juntos, la familia al completo, tantos días, tan unidos y tanto rato en casa. A partir del primer día mi hogar se convirtió en una oficina, un restaurante, una sala de juegos, una discoteca, una biblioteca, una sala de cine y hasta un gimnasio. Transformábamos el comedor en múltiples espacios según lo que queríamos recrear cada día. Para empezar, las mañanas de lunes a viernes, horario de oficina, cada habitación se transformaba en un despacho: mi hermano y yo estudiábamos, y los demás teletrabajaban. A veces oías la reunión de al lado y había alguna discusión: «¡La puerta, por favor!». Costaba comprender aquella realidad, acostumbrarse, pero no había más remedio. Nunca habíamos trabajado juntos y ahora teníamos que adaptarnos a esta nueva «empresa» familiar, cada uno con sus deberes y obligaciones. Y en los fines de semana tocaba celebrar, celebrar que había pasado una semana más, y si abolían las restricciones o las alargaban, también se celebraba, que estábamos juntos, bien, con salud y que seguíamos adelante.

Los ratos de recreo también eran divertidos. Era difícil porque en un momento dado, sin esperártelo, tu familia se tenía que convertir en todo tu entorno social, es decir, pasaba a ser tu grupo de amigos, tu familia directa y extensa, tus compañeros de trabajo y tus compañeros de piso.

Siempre hemos sido una familia unida, pero aquellos días, que acabaron convirtiéndose en meses, nuestro núcleo se volvía más fuerte y, sobre todo, más creativo. Claro que siempre había algún malentendido, convivir cinco personas a veces es difícil, pero a la vez especial. El mundo estaba parado, y nosotros, disfrutando de la familia estando 24/7. Parece hasta atractivo, para experimentarlo al menos una vez en la vida.

En varios momentos me planteé qué debían de estar pensando los animalitos de compañía de toda esta situación. Mi perrita no había estado nunca tan acompañada y se la veía bastante tranquila y feliz.

Viviendo en la misma calle que mis abuelos, era inevitable, paseando a mi perra, pasar a saludarlos desde lejos, a través de una reja, como en un vis a vis. Era un rato en el que podíamos comunicarnos con alguien externo al núcleo, y se creaba un ambiente mágico. Los percibíamos contentos de podernos ver, pero con desilusión al darse cuenta de que no nos podíamos acercar, y mucho menos tocarnos.

Me siento afortunada de lo que pude vivir aquellos días y de poder hablar en positivo de esta experiencia, agradecer a mi familia los mil recuerdos que creamos aquellos días tan únicos y diferentes. Ahora, cuando regreso a casa los fines de semana, como llevo haciendo desde que marché a estudiar lejos, hace cuatro años, se me hace muy corto, echo de menos el ambiente familiar. Me había acostumbrado demasiado a mi refugio anticovid.

Y en aquellos días, cuando me encontraba acompañada, o en este momento, no puedo evitar pensar en las personas que vivían la misma situación que yo desde una perspectiva muy diferente. Desde una cama de hospital, aislados del mundo totalmente, con el único contacto humano de una persona con un uniforme de astronauta, es decir, un EPI. De la gente que vivía un infierno en su casa y cada día se le debía de hacer muy duro o quienes estaban atrapados en un país diferente, alejados de la familia, deseando volver a su hogar y no podían.

Viniendo de un árbol genealógico pequeño y poco afín a las llamadas, poder ir a visitarlos cuando empezaron a abrir los cierres perimetrales fue una sensación extraña. Estábamos desconcertados, hacía tres meses que no nos veíamos y nos parecía una década. Las visitas, que normalmente se limitaban a los fines de semana, festivos y el verano, se intensificaron durante el periodo de apertura: más cenas, más piscina, más meriendas, más visitas… Reunirse con distancia de por medio, pero reunirse para todo, y todo se convertía en una gran **fiesta.**

Fiesta

Intentábamos encajar la nueva realidad como las cuatro mesas que llenaban el comedor de casa esperando al grupo reducido de familiares que venían a celebrar la Navidad. Era el primer festivo que podíamos disfrutar ampliando nuestro círculo, añadiendo más de cinco cubiertos. Con la comida lista, nos centrábamos en encontrar la manera de cómo sentarnos manteniendo la distancia entre familias no convivientes. Cada oveja con su pareja. Distancia en la mesa, pero sin exageraciones porque las dimensiones del comedor eran las que eran.

Había sido una Navidad muy esperada, en la que el regalo más importante para cada uno de nosotros era poder vivirla acompañado, en familia, un poco como siempre. Los días anteriores a la fecha señalada había habido bastante preocupación y angustia, los restaurantes tenían prohibido abrir por la noche y seguíamos con confinamientos que delimitaban el territorio, impidiéndonos poder reunirnos con aquellos amigos o familiares que vivían dos pueblos más allá. No se veía nada claro que nos pudiéramos reencontrar y, definitivamente, rechazábamos la idea de pasar una celebración más de forma aislada, como lo habíamos hecho desde marzo.

Era un año en que nos estrenábamos en muchas nuevas vivencias, el año que rompió con las viejas costumbres. Echando la vista atrás, por primera vez en la vida no veía a mis padrinos de bautizo en Pascua, tampoco saldríamos de casa tarde, deprisa y corriendo, enfadados porque alguien se había olvidado de poner la alarma en casa y estresados porque no llegábamos a la misa de Domingo de Ramos. Aquel abril nos arreglamos, a petición de mi madre, pero no salimos de casa ni bajamos al pueblo; contrariamente, hicimos una ceremonia privada, nos reinventamos, recogimos laurel del jardín y, tomando el sol, dábamos las gracias por poder seguir celebrando, explicándonos anécdotas, recitando poemas y compartiendo ideas con los de casa. La semana con más fiestas del año, elaboramos pasteles llenos de plumas y huevos de chocolate con escasos recursos, porque cuando menos, la dulzura no nos faltara. Aquel año no hubo la foto que desde que nací nos hacíamos con mi tío inmortalizando el momento de la entrega de la mona de Pascua. Aquel abril abrí una caja sorpresa en casa, llegada por transporte a domicilio: recibí la figura de un huevo de chocolate que siempre ha caracterizado la celebración; el pastelero del pueblo se había vuelto repartidor. Después de un año hemos podido volver a cumplir la tradición y reproducir una vez más aquella imagen, pero no hemos podido hacer como si no hubiera pasado nada. Pequeños detalles, como la mascarilla, la falta de algunos familiares o el no poder compartir ni mezclar grupos de personas, acababan marcando una gran diferencia en la evolución de los festivos.

Por primera vez en la vida, también nos estrenábamos en esto de aplazar, una vez más, una celebración. Unos días antes del 23 de abril y viendo como la situación iba a peor, sin mucha esperanza a corto plazo de volver a la normalidad preestablecida, se nos informaba de que no se celebraría una de las fiestas más bonitas del año, Sant Jordi. Barcelona y todas las ciudades y pueblos de Cataluña se quedaban sin una de las celebraciones más vistosas y esperadas; quedaba aplazada hasta verano. ¿Quién se podía imaginar jamás que tendríamos que celebrar Sant Jordi en julio? ¿Y quién podía asegurar que no nos tocaría volver a estar confinados, como de hecho ocurrió en mi ciudad, en Lleida?

Que la Diada del patrón recibiera tratamiento de fecha de sube y baja como Semana Santa nos dejaba descolocados, pero qué mejor que la adaptación en tiempo de cambio. Viví el primer Sant Jordi pospandemia en Barcelona, paseando por Las Ramblas e incluso, si no te fijabas en las mascarillas, volvía a parecer la fiesta de siempre, con gentío y colas por todas partes, olvidando por un rato guardar la distancia de seguridad. Rosas, libros, helados, risas, paseos y vida, la vida que tomaba las calles nuevamente. Aprovechamos para tomar el aire que nos empujara con esperanza hacia el verano.

Viendo la decoración de la fachada de casa Batlló, llena de rosas rojas, me venía a la mente como el año pasado colgábamos en el balcón de la entrada de casa una manualidad en forma de rosa que habíamos estado preparando la noche anterior para conmemorar de alguna manera este día. Incluso estando en pleno confinamiento, participamos en el concurso de decorar las entradas de casa que se había organizado en mi pueblo.

En la celebración de Todos los Santos, después de haberme reincorporado a duras penas al trabajo, llegaban muchos encargos de *panellets* en el obrador. Desde que era muy pequeña, cada año lo habíamos celebrado con mis tíos en la comarca del Bages, y aquel 2020 nos quedamos en Lleida, comiendo entre los cinco dos cajas llenas del dulce típico y sin poderlo compartir. Igual que por Nochebuena, muchas planificaciones se quedaron en ideas al aire que no se pudieron cumplir, poca fiesta y todo muy casero.

Recibíamos el 2021 como habíamos pasado buena parte del 2020, en casa, con mis compañeros de cuarentena, el grupo burbuja.

Todo el mundo decía que no podía ser peor el año que venía que el que habíamos pasado, pero esto de poner retos al universo no es muy aconsejable. Con el nuevo calendario nos esperaba vete a saber qué, mejor o peor. Más valía iniciarlo con ganas y emprender el nuevo camino como **otro viaje.**

Otro viaje

Hoy, escuchando una canción en la radio, he viajado en el tiempo, me he transportado exactamente a cuando la escuché por primera vez, a través de la pantalla de mi móvil viendo un famoso baile que se había hecho viral. Es curioso cómo una canción, un olor, un vídeo o una imagen te puede hacer viajar hacia un instante preciso. Me ha recordado al domingo entero que dediqué con mi hermana a entretenernos aprendiendo cada uno de los pasos del famoso baile y las sílabas de la canción para cantarla mientras nos grabábamos, una labor que, aunque la hacíamos por diversión, era altamente agotadora. También me pasó hace poco con la colonia que había llevado durante todo el confinamiento mi hermana, cuando después de bastante tiempo se la volvió a poner. Se acercó y sentí el olor a confinamiento, ya había vuelto a viajar a aquella época, hacia los inicios.

Después de tanto tiempo sin poder saborear un vuelo, las maletas, tener que madrugar, el *check-in*, el *check-out*, los nervios de llegar a un lugar nuevo, conocer mundo…, uno de mis más preciados *hobbies*, he tenido que reinventar el significado que tenía para la palabra *viajar*. Hace tiempo que había asimilado que esto de viajar como lo tenía entendido hasta el 2020 tardaría en volver. Después de todos los viajes anulados o aplazados hasta fechas muy lejanas, los intentos de descubrir nuevos parajes habían acabado siendo un despropósito lleno de disgustos. Tampoco era mi obsesión, ya que tenía problemas más graves como para maldecir el hecho de no poder viajar como me habría gustado. Aunque durante el verano, cuando ya era posible más movilidad, quizás sí que envidiaba a la gente que se había atrevido a dar el paso y a coger un vuelo, perdiéndose en tierras extranjeras y desconocidas.

En pospandemia, la nueva normalidad, la era de los rebrotes o como le queramos llamar, nos había tocado viajar dentro de nuestro territorio y convertirnos en turistas de proximidad, sin otro remedio, simulando que lo hacíamos por voluntad propia y no porque se habían instaurado unas limitaciones territoriales para intentar evitar la propagación del virus. Aun con todo, darse cuenta de los pequeños tesoros que tenemos al lado de casa también ha sido uno de los mejores regalos que nos ha dado la pandemia. Me he dado cuenta de que quizás no hacía falta coger un vuelo de más de doce horas para disfrutar de unas playas paradisíacas, puesto que en poco rato en coche también las podías encontrar, o que tampoco hacía falta tener que hacer mil horas de carretera para poder andar por unos parajes naturales espectaculares.

Los viajes a gran escala se habían convertido en una exclusiva solo para aquellos a los que su trabajo les obligaba. A mí, el único viaje laboral que me tocaba en el día a día era el que se hacía en transporte público, y no era muy agradable estar pegada a gente desconocida en unos pocos metros cuadrados y con escasa ventilación; esta sensación no motivaba nada y asustaba bastante. Por no decir que la técnica de «lata de sardinas» dentro del metro o bus ponía en entredicho todas las normas de seguridad que nos habían estado repitiendo hasta el aburrimiento desde el inicio de todo.

Lo que pensábamos que era cosa de dos semanas, un mes o dos se ha ido alargando. Las pocas salidas que hemos podido hacer, aunque cerquita, han cubierto bien nuestras necesidades vitales de desahogo, tomar fuerza para poder aguantar un tiempo más las restricciones. Como pasó el verano de 2020, los ciudadanos nos echábamos los trastos los unos a los otros, acusándonos de irresponsables por querer aprovechar más o menos esta mínima libertad de la que disfrutábamos.

Parecía ser que el ocio y el negocio tenían un trato diferente de cara al virus por parte de las autoridades, y esto transmitía poca fiabilidad científica. Las medidas para evitar la transmisión a gran velocidad de la enfermedad entre la gente no tienen que ver con el por qué hacen las cosas, si por trabajo o por diversión. Si se aplicaban ciertos criterios a la hora del trabajo, ¿por qué no fueron los mismos para el ocio? ¿Podemos trabajar siguiendo las medidas, pero no divertirnos? Llegados a este punto, ya no nos sorprendíamos cuando volvían a anunciar por enésima vez un confinamiento comarcal, municipal o una restricción nueva. Nos pasaba como con el cuento de nunca acabar: con la repetición, se pierde el efecto. Se creó una rabia y tensión compartida por no entender por qué se podía ir en tren de una localidad a otra para trabajar, sentados pegados a un extraño, pero no se podía ir con un conocido en un coche por puro ocio si no era del grupo estable. Escuchábamos a menudo que muchas decisiones tomadas para el momento de excepción habían venido para quedarse, y no nos quedaba más remedio que asumir que mucho de lo vivido se había ido **para siempre.**

Para siempre

Hay fechas que quedan marcadas para siempre. Con solo poner un pie en casa de mi tío, me tropezaba con un calendario colgado en la cocina con los días tachados hasta la fecha donde empezó la tragedia, cuando tuvo que ingresar de urgencia en el hospital y se tendría que enfrentar a sus últimos días de vida, con la familia lejos y con solo un visitante acreditado, al que le peligraba la entrada dependiendo de las últimas novedades del virus. Y el calendario seguía marcando aquel día, la marca del antes y el después, para él y todo su mundo. Las anotaciones de planes futuros que estaban apuntadas en aquel calendario se quedarían allí, en simples propósitos que no se llegarían a cumplir jamás, y esto me rompía el corazón. Habíamos pasado por una pandemia que cada día se llevaba millones de personas, millones de abuelos, padres o hijos de alguien, pero hasta que no te toca a ti, de primera mano, y lo ves desde primera fila, no te das cuenta de lo que significan esas enormes cifras de mortalidad, perder un familiar mientras está solo, sin compañía de nadie conocido, en un hospital con personal sanitario desbordado de trabajo sin poder atender las necesidades emocionales de los pacientes.

La muerte de un familiar siempre afecta, y más si es la primera que vives, la primera que modifica el árbol genealógico que conocía desde que tengo memoria, y juntar este hecho con otro factor fatídico, como el estado de alarma, lo empeora, todo se complica. Esta época se ha caracterizado por la pérdida, la muerte nos rodeaba, sobre todo la de los mayores, la población de riesgo. Lo peor de todo han sido las despedidas que no hemos podido hacer, los entierros que se han visto recortados hasta la mínima expresión, y peor todavía si se trataba de una víctima del COVID-19. Los rituales que acompañan el adiós de los familiares son vitales para los que se quedan, para poder encarar un luto sano. Y todo se acumula y suma en negativo. El ciclo del luto queda incompleto, y muchas veces se requiere terapia y acompañamiento para poder avanzar.

Hojeando álbumes antiguos, te enfrentas con imágenes de aquellos que ya no están y no puedes creerte que entre la vida y la muerte haya un cambio tan drástico como tan irreversible. No volverlos a ver nunca más, no poder hablar ni comunicarte jamás con ellos. Rememoras la anécdota que acompaña lo que estás viendo en la foto y recuerdas que no estarás nunca más con él, al menos en vida. Analizas al detalle los últimos mensajes que dejaron inmortales en el móvil, sus últimas palabras… De alguna manera, seguimos pensando que están en su casa, la mente te juega una mala pasada. No queremos encontrarnos ni pensar en la realidad de saber que cuando llames al que era su hogar, no contestará al teléfono. Tendremos que acostumbrarnos a esa punzada en el pecho que se produce cuando constatamos que su viaje no tiene **billete de vuelta.**

Billete de vuelta

Cuando pude volver a entrar a la habitación que me había acogido como segunda casa desde hacía casi más de un año, me eché a llorar. Toda la realidad de lo que había pasado quedaba reflejada en aquellos doce metros cuadrados. Medio desordenado, lleno de polvo y con todo intacto, el habitáculo estaba como si me hubiera ido para volver en un rato, pero en realidad habían pasado seis meses. Todo lo que había dejado atrás aquel 13 de marzo de 2020 seguía en el mismo punto, pero ahora era yo quien me sentía una persona diferente; habían pasado tantas cosas, y no solo a mí, a todo el planeta.

Volver me hacía sentir vulnerable, lo había intentado alargar al máximo. Mi madre me recordaba todos los objetos que me había dejado en Barcelona, y quizás sí que los necesitaba, pero yo evitaba el tema; solamente pensar en volver me angustiaba. Y cuando finalmente no tuve más remedio, la primera imagen que tuve al entrar ya me dejó tocada: la de la silla del escritorio, donde solía dejar la ropa que todavía podía llevar otra vez. Allí estaban dos jerséis de lana, colgados en la silla, esperando a ser llevados de nuevo. Volvía al piso en un mes de agosto, con el calor asfixiante de Barcelona y con un vestido de tirantes. La cama vestida con el nórdico y el armario todavía lleno de ropa de invierno y mantas me recordaban que realmente se había parado el tiempo. En mi segunda habitación, todavía estábamos en marzo.

Volvía a sentirme como cuando me marché y volvieron todas las emociones que recorrían mi cuerpo aquel día mientras hacía la maleta, los nervios por no perder el tren, por no quedarme atrapada en Barcelona, para llegar bien a Lleida, que no me pasara nada. Todo pasó tan rápido… El día que anunciaban que cerraban todas las ciudades, fronteras, comercios, restaurantes, y solo quedaban al alcance los servicios esenciales era un viernes. Volviendo del trabajo y asustada por todas las noticias y la incertidumbre de lo que estaba pasando, cogí el primer billete de tren que pude comprar y, con la ayuda de mi pareja, vaciamos toda la nevera y pusimos cuatro cosas en la maleta para ir hacia Lleida para sobrevivir a aquellas «dos semanas». Me dejé mucha ropa colgada en el armario, productos de cosmética, libros… Si lo hubiera sabido, obviamente, mi maleta no habría ido tan ligera.

Me pasé el día de vuelta limpiando y haciendo mía otra vez la habitación, devolviéndole aquella esencia de hogar que había perdido por haber sido abandonada medio año. Y ahora, escribiendo desde allí, vuelve a ser mi segunda casa, y los viajes Lleida Pirineos-Barcelona Sants vuelven a ser un hábito.

Barcelona siempre ha sido una ciudad llena de actividades, esto era lo que siempre me había llamado la atención de la metrópolis y lo que me hizo desear ir a estudiar allí. Nunca te quedas sin un plan, siempre hay algo que hacer: una feria, un mercado, una convención, un museo, unos jardines, un parque, un rincón por el que todavía no has paseado. El efecto que ha tenido la pandemia sobre mi ciudad de acogida ha sido bastante más impactante que en mi habitación. Quizás por el hecho de venir de Lleida, una ciudad más pequeña, no me daba cuenta de lo mucho que había afectado todo este desbarajuste, pero pasear por Barcelona aquel agosto, y los meses que fueron viniendo después, era muy triste: terrazas vacías, y monumentos emblemáticos, que solían estar repletos de gente, desiertos; mucha distancia y poquísima gente en las calles, en definitiva. Y las mil actividades para hacer se habían convertido en buscar las pocas cosas que quedaban abiertas, que se visitaban y así agudizar el ingenio para ver qué se podía hacer entre tantas restricciones.

Pero no todo era negativo. Había descubierto muchos jardines para pasear, muchos rincones y espacios que desconocía, para sentir la naturaleza estando dentro de una gran ciudad, y al final son estas pequeñas cosas con las que nos tenemos que quedar y, sobre todo, sentirnos orgullosos de habernos podido adaptar a lo que ha ido llegando. Dar más valor a las pequeñas libertades, que es, al final, lo que nos ha supuesto más **trabajo.**

Trabajo

Muchos sectores, por no decir todos, se vieron terriblemente afectados por la situación mundial provocada por la pandemia, ya fuera por un volumen exagerado de trabajo como por la falta de él, a veces paro total de actividad. Laboralmente, ha habido muchas víctimas debido a los cambios que han supuesto la parada prolongada y las medidas de prevención de contagios.

He tenido la fortuna o la desgracia, según se mire, de vivir esta experiencia de muy joven. Cuando todo iba a empezar, tenía veinte y el parón me pilló trabajando y estudiando. Esta parada no implicaba nada grave, no era una cuestión de vida o muerte para mí, como lo era para adultos responsables de familia y con gastos fijos. Lo tengo que reconocer, yo era de las que el 13 de marzo pensaba: «Qué bien, quince días de vacaciones, será divertido». Pero se fue alargando y la palabra ERTE ya no hacía tanta gracia…

A principios de febrero, cuando se empezaba a introducir el tema del «virus de la China» en las conversaciones dentro del obrador, reíamos y explicábamos anécdotas como que habíamos visto a alguien por la calle con mascarilla o que el bazar del barrio tenía el letrero de «cerrado por vacaciones» colgado en la puerta, cosa muy curiosa de ver en este tipo de negocios, abiertos en *contínuum*. No fue hasta la primera semana de marzo cuando nuestra jefa se empezó a asustar por todo lo que estaba por venir, y nosotras, siguiendo entre risas, la tratábamos de exagerada y seguíamos elaborando unos productos que nunca llegarían a ser vendidos. Finalmente, a mitades de marzo nos encerraban en casa y, como consecuencia, la empresa bajaba la persiana. Pero no nos desanimábamos, fuimos activas y decidimos poner al día todas aquellas recetas y fichas técnicas que teníamos pendientes para aprovechar el cierre al máximo, dentro de lo que se podía. No fue hasta finales de aquel mes histórico que una mañana me encontraba con un mensaje de mi jefa avisándome de que, cuando pudiera, la llamara, para decirme que nos ponían en ERTE y todo lo que esto implicaba.

Una situación de estar en el limbo, pero en versión laboral, contando como si trabajaras, estás cotizando, pero no produces. Un vacío difícil de vivir y de explicar, con una incertidumbre angustiosa, y esto sin tener a nadie a mi cargo. Hasta octubre no volví a mi puesto de trabajo, y lo digo en singular porque ahora todo es así, en singular. Éramos seis y regresamos dos. El equipo se había reducido mucho. Los fines de semana acostumbraba a trabajar acompañada, y tuve que estar meses enfrentándome a la jornada sola. Y desde entonces no hemos vuelto a ser el número de trabajadoras que nos marchamos el viernes 13 de marzo. Ahora somos menos de la mitad del equipo, y se nota. El silencio, las distancias, las ocho horas respirando a través de una mascarilla…

En mi estimado sector ha habido mucho lío, como la situación misma. Nuestro futuro ha sido muy indeciso: ahora nos reducían el horario de apertura, ahora nos limitaban el espacio, ahora abrían exclusivamente las terrazas, ahora cerraban del todo, ahora limitaban las cenas, y así una larga lista de indicaciones que nos traían cada día un dolor de cabeza distinto y nos obligaban a idear algún plan para no tener que cerrar puertas otra vez indefinidamente, como habían hecho miles de otros pequeños comercios.

Por este motivo, desde el principio, he sido víctima de lo que suponían todos los cambios en el mundo de la hostelería, considerado uno de los sectores más perjudicados por todo este trasiego. Aunque he ido pasando el día a día de la restauración, sé que no soy realmente consciente de todas las afectaciones que ha habido y todavía proceden en otros sectores, sobre todo en el más implicado de todos: el sanitario. Seguro que en un futuro los que lo han vivido serán como los supervivientes de la guerra, los incomprendidos y los que no quieren hablar, los que quieren silenciar los traumas que han tenido que vivir detrás de las puertas de su puesto de trabajo, el hospital. Trabajando más horas que un **reloj.**

Reloj

«Los más afectados son los mayores. Me estoy perdiendo la vejez y no me queda más tiempo», decía mi abuelo valorando la situación que vivíamos todos juntos. Todo el mundo lleva el agua a su molino, o lo ve desde su ombligo. Es cierto, ellos se han perdido esta etapa, pero a todo el mundo le han «robado» un tiempo importante de sus vidas, si es que se vive para explicarlo. Todo el mundo se ha saltado una etapa. ¿Y quiénes han sido los más desfavorecidos? Pues no lo sé. Egoístamente, todos se pueden plantear que han sido ellos los que se han visto más afectados: los niños que no han podido salir a jugar a la calle, los preadolescentes que no han podido vivir sus primeras quedadas preparándose para el instituto, los que se han quedado sin celebración de la esperada mayoría de edad, los que se han perdido el primer año universitario, la graduación, y así un largo etcétera.

Y en mi caso, la juventud, los que salimos de fiesta, nos reunimos, los que nos sentimos libres, hemos sido culpados de ser los principales agentes propagadores del virus. Así es como nos han culpabilizado los medios de comunicación y la masa crítica social. Nosotros, que nos tuvimos que adaptar a un aislamiento inesperado, sustituyendo todas las quedadas por *skypes*, las fiestas por *playlists* de Spotify y poca cosa más… Nosotros sí que hemos perdido uno de los ciclos que significan más en la vida, en el que se forman aquellas amistades que quizás durarán hasta que lleguemos a la madurez y todas las anécdotas de locuras que un día explicaríamos a nuestros hijos, como el dicho: «Juventud, divino tesoro».

Nunca había sido de salir mucho de fiesta ni de volver a las ocho de la mañana a casa, pero ahora el preciado toque de queda, el que te recuerda que a las diez tienes que estar en casa, hace que te arrepientas de no haber salido más, de haber dicho que no aquellos días que te daba pereza. Habíamos llegado a un punto en el que nadie sabía cuándo podríamos volver a salir de fiesta, si el ambiente juvenil que conocíamos se extinguiría, porque «dónde se ha visto, tal como están las cosas, una sala con música, gente mezclada, bebiendo y bailando, ¡qué barbaridad!». Y los conciertos, esto es lo que más mal me sabe: los *tickets* anulados, las ganas con las que los había comprado y cómo se han quedado allí, colgados en la habitación en modo de recordatorio de lo que me ha quedado pendiente. Era inevitable sentirme impotente y desilusionada, porque los jóvenes no veíamos la luz. Se seguían aplazando las giras, muchos locales de ocio nocturno a los que debemos muchas noches de fiesta han tenido que cerrar definitivamente, ahogados económicamente. Y esta era la situación: quedadas restringidas, botellones prohibidos, y con nuestros padres tranquilos, porque cuando llegaba la noche, todos estábamos en casa. La juventud perseguida.

El día que anunciaban el toque de queda en Francia, tuvimos la misma reacción que cuando anunciaron el confinamiento domiciliario en Italia: «Ostras, pues sí que deben de estar mal, pero con un poco de suerte, aquí esto no llegará». Y en dos semanas o menos, vivíamos el mismo panorama. Qué curioso esto del toque de queda, me acuerdo de que la primera vez que vi esta expresión fue leyendo un libro de ciencia ficción. Quién me hubiera dicho que me tocaría vivirlo en primera persona, y todavía menos que me llegaría a acostumbrar, que encontraría normal esto de estar cenando con amigos fuera de casa, teniendo que estar pendiente de la hora por no circular de forma ilegal, en el siglo XXI, a partir de las diez, la hora de las brujas, del despliegue crucial del coronavirus, con nocturnidad y alevosía.

Posteriormente, empezaron a correr rumores de que querían retirar el toque de queda, y yo, que no me quería ilusionar, no me lo acababa de creer. Todo el mundo se empezó a preparar, por lo que significaría una vuelta espectacular al ocio nocturno, a estar toda la noche en la calle, celebrando el final de la restricción. Me emocionaba la idea de poder volver a casa tarde. Supongo que la emoción nos pudo, a todos. Aquel día, 9 de mayo de 2021, iba a dormir pronto, cumpliendo sin querer el toque de queda una vez más, como de costumbre, porque trabajaba al día siguiente. Mucha gente salió de casa tocadas las doce, como una Cenicienta a la inversa, a ser o intentar sentirse libre. Libres de restricciones, de coronavirus, como si este no hubiera existido. Tanto que la imagen que veía yo al día siguiente me entristecía, y nos veía a nosotros, los jóvenes, como aquellos principales culpables de la propagación del virus, por irresponsables, como nos llevaban acusando desde hacía muchos meses. Me di cuenta de que una noche de descontrol resultaba que sí podía favorecer gravemente el contagio. Así que… nosotros somos el **¿futuro?**

¿Futuro?

Las mascarillas, de todo tipo y colores, reposan en el fondo de un cajón arrugadas y mezcladas unas con otras. ¿Cómo es posible que solo hayan pasado dos años? Parece que haya pasado una eternidad o parece que no lo haya vivido. Yo siento que es una historia explicada que me la he hecho mía, como aquella anécdota graciosa que te explica varias veces una amiga y la acabas relatando al cabo de los años como si tú también la hubieras vivido. Nos hemos ido olvidando de las rutinas que creamos, de las emociones que teníamos *in situ*.

En prepandemia, entendía el futuro como aquello que pasaría dentro de cuatro años: qué haría al acabar la secundaria, las próximas vacaciones, el día que llegara a la mayoría de edad… Y mirándolo con perspectiva, comparando mis ideas con lo que ha acabado sucediendo, me doy cuenta de que había estado idealizando un camino que, en realidad, estaba completamente desdibujado.

Me gustaría en un futuro seguir recordando cómo era mi día a día en estos largos meses tan extraordinarios y diferentes. Querría que esta vivencia quedara resguardada en mi mente sin que el paso del tiempo la altere, que el cómo lo viví no se diluya en las versiones oficiales de los medios. Echando la vista atrás, desde muy lejos, se alivia la dureza de las situaciones vividas, se relativiza todo, se endulza.

Escribo para dejar huella de mi testimonio para mí misma, para ser más consciente de que somos más fuertes y, según cómo, más débiles. Los cambios, normalmente, no agradan, y menos si son a peor. Éramos los protagonistas de esta historia, frente a una pausa indeseable e imprevista que marcaba el inicio de un *plot twist* en mayúscula.

Tener agendada la vida no significa tener asegurado nada de lo que acabará llegando. Y quizás solo nos queda afrontarlo con ganas y con… **salud.**

Agradecimientos

Este libro ha sido posible gracias a Gerard Brunet, a quien agradezco su dedicación en el diseño de la portada y contraportada, así como su paciencia ante todos mis cambios de opinión. A Maria Àngels Claramunt, por la traducción al castellano y por ayudarme a pulir el texto. A Ricard y Laura, por la lectura y opinión a lo largo del proceso de creación del libro. A mis amigas y a mi pareja, Marina, Núria y Lluc, por sus ánimos y su ayuda en todos aquellos aspectos en los que dudaba. Y gracias a todas aquellas personas que me han inspirado día a día, y durante el confinamiento, nombradas directa e indirectamente en los capítulos del libro. Finalmente, a la editorial ExLibric y a Antonio Ortega, por ayudarme e impulsarme a dejar constancia de mis pensamientos durante este periodo histórico que nos quedará marcado para siempre.

Sobre la autora

Cristina Purroy Claramunt, nacida en Lleida en 1999, estudió y trabajó de pastelera en Barcelona hasta la llegada de la pandemia. Desde entonces, reside en su ciudad natal y se ha enfocado en su otra pasión, la psicología.

www.ingramcontent.com/pod-product-compliance
Lightning Source LLC
LaVergne TN
LVHW090152180726
843489LV00006B/1996